2023年国家法律职业资格考试

主观题

万能金句·设问角度·三位一体

行政法

采分有料

Administrative Law

魏建新 编著

厚大出品

中国政法大学出版社

谁对时间越吝啬　时间对谁越慷慨

2023厚大在线学习群专享

01 法考讯息速递
节点提醒，考情分析，关键信息整合

02 备考策略分享
备考方法，科目攻略，复习方案规划

03 专属内部资料
思维导图，阶段讲义，每日干货分享

04 专场直播分享
热点评析，干货讲座，资料直播解读

05 好课即速获取
超值课程，专属优惠，尽揽一手信息

扫码回复"学习群"
即可加入 ⟶

代总序
做法治之光
——致亲爱的考生朋友

如果问哪个群体会真正认真地学习法律，我想答案可能是备战法考的考生。

当厚大的老总力邀我们全力投入法考的培训事业，他最打动我们的一句话就是：这是一个远比象牙塔更大的舞台，我们可以向那些真正愿意去学习法律的同学普及法治的观念。

应试化的法律教育当然要帮助同学们以最便捷的方式通过法考，但它同时也可以承载法治信念的传承。

一直以来，人们习惯将应试化教育和大学教育对立开来，认为前者不登大雅之堂，充满填鸭与铜臭。然而，没有应试的导向，很少有人能够真正自律到系统地学习法律。在许多大学校园，田园牧歌式的自由放任也许能够培养出少数的精英，但不少学生却是在游戏、逃课、昏睡中浪费生命。人类所有的成就靠的其实都是艰辛的训练；法治建设所需的人才必须接受应试的锤炼。

应试化教育并不希望培养出类拔萃的精英，我们只希望为法治建设输送合格的人才，提升所有愿意学习法律的同学整体性的法律知识水平，培育真正的法治情怀。

厚大教育在全行业中率先推出了免费视频的教育模式，让优质的教育从此可以遍及每一个有网络的地方，经济问题不会再成为学生享受这些教育资源的壁垒。

最好的东西其实都是免费的，阳光、空气、无私的爱，越是弥足珍贵，越是免费的。我们希望厚大的免费课堂能够提供最优质的法律教育，一如阳光遍洒四方，带给每一位同学以法律的温暖。

没有哪一种职业资格考试像法考一样，科目之多、强度之大令人咂舌，这也是为什么通过法律职业资格考试是每一个法律人的梦想。

法考之路，并不好走。有沮丧、有压力、有疲倦，但愿你能坚持。

坚持就是胜利，法律职业资格考试如此，法治道路更是如此。

当你成为法官、检察官、律师或者其他法律工作者，你一定会面对更多的挑战、更多的压力，但是我们请你持守当初的梦想，永远不要放弃。

人生短暂，不过区区三万多天。我们每天都在走向人生的终点，对于每个人而言，我们最宝贵的财富就是时间。

感谢所有参加法考的朋友，感谢你愿意用你宝贵的时间去助力中国的法治建设。

我们都在借来的时间中生活。无论你是基于何种目的参加法考，你都被一只无形的大手抛进了法治的熔炉，要成为中国法治建设的血液，要让这个国家在法治中走向复兴。

数以万计的法条，盈千累万的试题，反反复复的训练。我们相信，这种貌似枯燥机械的复习正是对你性格的锤炼，让你迎接法治使命中更大的挑战。

　　亲爱的朋友，愿你在考试的复习中能够加倍地细心。因为将来的法律生涯，需要你心思格外的缜密，你要在纷繁芜杂的证据中不断搜索，发现疑点，去制止冤案。

　　亲爱的朋友，愿你在考试的复习中懂得放弃。你不可能学会所有的知识，抓住大头即可。将来的法律生涯，同样需要你在坚持原则的前提下有所为、有所不为。

　　亲爱的朋友，愿你在考试的复习中沉着冷静。不要为难题乱了阵脚，实在不会，那就绕道而行。法律生涯，道阻且长，唯有怀抱从容淡定的心才能笑到最后。

法律职业资格考试不仅仅是一次考试，它更是你法律生涯的一次预表。

我们祝你顺利地通过考试。

不仅仅在考试中，也在今后的法治使命中——

不悲伤、不犹豫、不彷徨。

但求理解。

厚大®全体老师　谨识

目录 CONTENTS

第一部分 知识点精粹 ……001

专题 1 具体行政行为与行政诉讼受案范围 …… 001

- 考点 1 具体行政行为的特点 …… 001
- 考点 2 具体行政行为的种类 …… 003
- 考点 3 行政诉讼的受案标准 …… 006
- 考点 4 行政诉讼不予受理的行为 …… 007

专题 2 具体行政行为的设定与实施 …… 010

- 考点 1 具体行政行为的设定 …… 010
- 考点 2 行政处罚的实施 …… 012
- 考点 3 行政许可的实施 …… 018
- 考点 4 行政强制措施的实施 …… 022
- 考点 5 行政强制执行的实施 …… 024
- 考点 6 行政公开的实施 …… 027

专题 3 具体行政行为的主体与行政救济的主体 …… 031

- 考点 1 行政复议中的申请人与第三人 …… 031
- 考点 2 行政诉讼中的原告与第三人 …… 032
- 考点 3 行政赔偿中的赔偿请求人 …… 035
- 考点 4 具体行政行为的作出主体 …… 035

考点 5　行政复议中的被申请人 ……………………………………………… 037
考点 6　行政诉讼中的被告 …………………………………………………… 038
考点 7　行政赔偿中的赔偿义务机关 ………………………………………… 042

专题 4　行政救济的管辖 043

考点 1　行政复议机关 ………………………………………………………… 043
考点 2　行政诉讼的级别管辖 ………………………………………………… 044
考点 3　行政诉讼的地域管辖 ………………………………………………… 045

专题 5　行政救济的程序 046

考点 1　行政复议程序 ………………………………………………………… 046
考点 2　行政诉讼程序 ………………………………………………………… 049
考点 3　行政赔偿程序 ………………………………………………………… 057

专题 6　行政诉讼的证据和规范性文件附带审查 059

考点 1　行政诉讼当事人举证 ………………………………………………… 059
考点 2　行政诉讼证据的调取和效力 ………………………………………… 061
考点 3　行政诉讼中规范性文件的附带审查 ………………………………… 062

专题 7　具体行政行为合法性与行政救济结案 063

考点 1　具体行政行为的合法性 ……………………………………………… 063
考点 2　行政复议决定 ………………………………………………………… 065
考点 3　行政诉讼一审判决 …………………………………………………… 066
考点 4　行政赔偿的构成 ……………………………………………………… 067

专题 8　行政协议诉讼 069

考点 1　行政协议诉讼的受案范围 …………………………………………… 069
考点 2　行政协议诉讼的原告、被告和管辖法院 …………………………… 069
考点 3　行政协议诉讼的程序 ………………………………………………… 070
考点 4　行政协议诉讼的举证责任和法律适用 ……………………………… 071
考点 5　行政协议诉讼的判决 ………………………………………………… 071

专题 9　先行政复议后行政诉讼的处理 073

考点 1　行政复议与行政诉讼的程序关系 …………………………………… 073

考点 2　行政诉讼被告与行政赔偿义务机关 …………………………………………… 074

考点 3　行政诉讼管辖 ……………………………………………………………………… 075

考点 4　行政诉讼举证责任 ………………………………………………………………… 076

考点 5　行政诉讼判决 ……………………………………………………………………… 076

专题 10　刑事赔偿与国家赔偿方式　078

考点 1　刑事赔偿范围 ……………………………………………………………………… 078

考点 2　刑事赔偿义务机关 ………………………………………………………………… 080

考点 3　刑事赔偿程序 ……………………………………………………………………… 081

考点 4　国家赔偿方式、赔偿标准和赔偿费用 …………………………………………… 081

第二部分　面批面改　085

案例 1　国家市场监管总局对 ALBB 集团控股有限公司行政处理案 …………………… 085

案例 2　李一山等诉柳阳市政府侵犯客运人力三轮车经营权案 ………………………… 091

案例 3　叶某诉某县政府房屋行政强制案 ………………………………………………… 096

案例 4　某县国土资源局申请法院执行行政决定案 ……………………………………… 100

案例 5　李某诉某省交通厅政府信息公开案 ……………………………………………… 105

案例 6　王某诉某市人社局工伤认定案 …………………………………………………… 109

案例 7　田达诉华北科技大学拒绝颁发毕业证、学位证案 ……………………………… 114

案例 8　石林区检察院诉林川市林业局不履行法定职责案 ……………………………… 120

案例 9　某奶制品企业诉市场监管局处理决定案 ………………………………………… 126

案例 10　某燃气公司诉某市政府解除特许经营协议案 …………………………………… 130

案例 11　苏向荣申请滨海市政府土地行政复议案 ………………………………………… 135

案例 12　许某诉某区政府强制拆除房屋赔偿案 …………………………………………… 140

缩略语对照表 ABBREVIATION

行政协议案件规定	最高人民法院关于审理行政协议案件若干问题的规定
行诉解释	最高人民法院关于适用《中华人民共和国行政诉讼法》的解释
行政许可案件规定	最高人民法院关于审理行政许可案件若干问题的规定
政府信息公开案件规定	最高人民法院关于审理政府信息公开行政案件若干问题的规定
检察公益诉讼解释	最高人民法院、最高人民检察院关于检察公益诉讼案件适用法律若干问题的解释
行政赔偿案件规定	最高人民法院关于审理行政赔偿案件若干问题的规定
行政诉讼证据规定	最高人民法院关于行政诉讼证据若干问题的规定
行诉撤诉规定	最高人民法院关于行政诉讼撤诉若干问题的规定
刑事赔偿案件解释	最高人民法院、最高人民检察院关于办理刑事赔偿案件适用法律若干问题的解释

知识点精粹 第一部分

专题 1　具体行政行为与行政诉讼受案范围

具体行政行为与行政诉讼受案范围密切相关，在案例分析题中，具体行政行为也是判断行政诉讼受案范围的主要标准。本专题需要解决：是不是具体行政行为？属于哪一种具体行政行为？哪些行为属于行政诉讼受案范围？哪些行为不属于行政诉讼受案范围？

考点 1　具体行政行为的特点

命题角度分析

案例分析题中主要考查具体行政行为的识别和判断，要求考生能够把具体行政行为和其他行政行为进行区分。

具体行政行为，是指行政主体依法就特定事项对特定的公民、法人和其他组织的权利义务作出的单方行政职权行为。

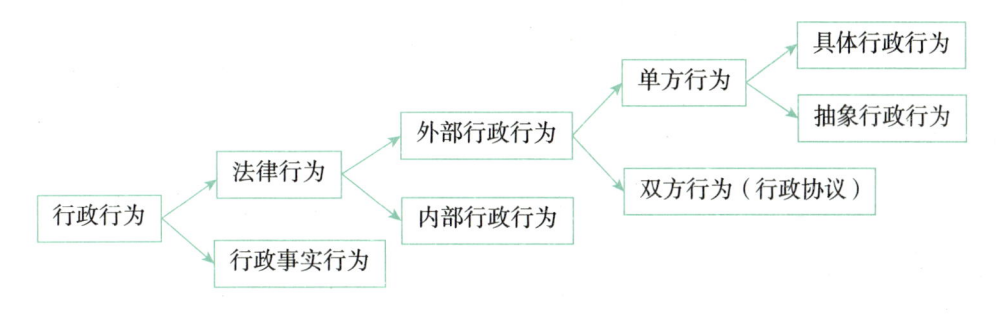

```
                                          ┌── 具体行政行为
                              ┌── 单方行为 ─┤
                ┌── 外部行政行为 ─┤           └── 抽象行政行为
                │              │
行政行为 ─┬── 法律行为 ─┤              └── 双方行为（行政协议）
        │      │
        │      └── 内部行政行为
        │
        └── 行政事实行为
```

（一）具体行政行为是法律行为：区别于行政事实行为

1. 具体行政行为是行政机关使公民、法人或者其他组织在行政法上的权利义务得以建立、变更或者消灭的行为。

2. 行政事实行为是不以建立、变更或者消灭当事人法律上的权利义务为目的的行政活动，是行政职权实施中的行为。

[例] 行政机关没收非法出版物的行为是具体行政行为，而行政机关将非法出版物予以销毁的行为则是行政事实行为。

一招制敌 具体行政行为与行政事实行为区分的关键，在于是否以处理当事人法律上的权利义务为目的。

（二）具体行政行为是外部行政行为：区别于内部行政行为

1. 具体行政行为是行政机关在行政管理过程中对行政系统外的公民、法人或者其他组织所作出的行政行为。

[例] 行政处罚、行政许可、行政强制和行政公开都是针对行政系统外的公民和组织作出的，都属于具体行政行为。

2. 内部行政行为是行政机关对行政系统内的组织或个人所实施的管理行为。

[例] 甲地市场监管局致函乙地市场监管局，请求协助调查的行为；市商务局安排其工作人员到某贸易公司挂职锻炼的行为。

注意：凡是行政系统内上级机关对下级机关、人民政府对工作部门、行政机关对内设机构、行政机关对工作人员所作的行为，都属于内部行政行为。

一招制敌 行政行为以其适用对象为标准，可以分为外部行政行为与内部行政行为。外部行政行为与内部行政行为区分的关键：是对行政系统外还是对行政系统内的组织或个人作出处理。

（三）具体行政行为是单方行为：区别于行政协议

1. 行政协议，是指行政机关为了实现行政管理或者公共服务目标，与公民、法人或者其他组织协商订立的具有行政法上权利义务内容的协议。行政协议是一种双方性的行政行为。

[例] 政府特许经营协议，土地、房屋等征收征用补偿协议，矿业权等国有自然资源使用权出让协议，政府投资的保障性住房的租赁、买卖等协议以及政府与社会资本合作协议，都是行政协议。

2. 具体行政行为是单方性的行政行为，行政机关无须公民、法人或者其他组织同意，就可以单方意志决定的行政行为。

[法条链接]《行政协议案件规定》第1条。

（四）具体行政行为是对特定人或者特定事项的处理：区别于抽象行政行为

1. 具体行政行为是对特定人或者特定事项的一次性处理。

[提示] 处理的个别性是具体行政行为区别于抽象行政行为的主要标志。

2. 抽象行政行为是为不特定人和不特定事项安排的、可以反复适用的普遍性规则，主要包括行政法规、行政规章和其他规范性文件（立法上往往表述为具有普遍约束力的决定、命令)。

[例] 某市政府发布的关于机动车按照车牌尾号限行的通告。

一招制敌 试题中以抽象行政行为名义作出的具体行政行为最具迷惑性。具体行政行为与抽象行政行为区分的关键，在于是否针对特定对象作出处理。

考点 2　具体行政行为的种类

命题角度分析
　　案例分析题中主要考查具体行政行为的性质，即案例中的行为属于哪一种具体行政行为，需要考生根据每一种具体行政行为的特点进行分析。

具体行政行为的种类繁杂，但在案例分析题中主要涉及以下几类：

（一）行政处罚

行政处罚，是指行政机关依法对违反行政管理秩序的公民、法人或者其他组织，以减损权益或者增加义务的方式予以惩戒的行为。治安管理处罚属于行政处罚的一种，是指公安机关给予有违反治安管理行为的公民、法人和其他组织的行政处罚。

[例] 以下行为都属于行政处罚：①警告、通报批评；②罚款、没收违法所得、没收非法财物；③暂扣许可证件、降低资质等级、吊销许可证件；④限制开展生产经营活动、责令停产停业、责令关闭、限制从业；⑤行政拘留。

一招制敌 惩罚性是行政处罚的本质特征。考生只要抓住这一特征，就能把行政处罚与其他行政行为区别开来。

法条链接《行政处罚法》第2、9条；《治安管理处罚法》第2条。

（二）行政强制措施

行政强制措施，是指行政机关在行政管理过程中，为制止违法行为、防止证据损毁、避免危害发生、控制危险扩大等情形，依法对公民的人身自由实施暂时性限制，或者对公民、法人或者其他组织的财物实施暂时性控制的行为。

[提示] 行政强制措施是暂时性限制或者控制的行为，具有临时性和中间性。在行政执法实践中，行政强制措施通常是为行政机关的最终处理决定作准备。

1. 对人采用的强制措施

[例] 以下行为都属于对人采用的强制措施：①限制公民人身自由；②强制隔离戒毒；③留置审查；④采取保护性约束措施（醉酒的人在醉酒状态中，对本人有危险或者对他人的人身、财产或者公共安全有威胁的，应当对其采取保护性措施约束至酒醒）。

2. 对物采用的强制措施

[例] 以下行为都属于对物采用的强制措施：①查封场所、设施或者财物；②扣押财物；③冻结存款、汇款；④冻结资金、证券。

❶注意： 责令停止违法行为与《行政处罚法》第9条第4项规定的"责令停产停业"处罚种类很相像，但前者停止的是当事人的"违法行为"，而不是当事人的"合法行为"，其目的是制止违法行为；后者是因为当事人在生产经营中存在"违法行为"而停止其生产经营，是对当事人进行惩戒。因此，责令停止违法行为属于行政强制措施，而责令停产停业属于行政处罚。

一招制敌 预防性和制止性是行政强制措施的本质特征。行政强制措施的目的在于预防、制止或控制危害社会行为的发生和扩大。考生只要在试题中找到"预防性"和"制止性"的表述，就能把行政强制措施与其他具体行政行为区别开来。

[法条链接]《行政强制法》第2条第2款、第9条。

（三）行政强制执行

行政强制执行，是指行政机关或由行政机关申请法院对不履行行政机关依法作出的行政处理决定的公民、法人或者其他组织，采取强制手段，迫使其履行义务，或达到与履行义务相同状态的行为。

❶注意： 行政强制执行的主体比较特殊，包括行政机关和法院。

[例] 以下行为都属于行政强制执行：①加处罚款或者滞纳金（这里的罚款不属于行政处罚，而是由于当事人不缴纳行政处罚中的罚款，行政机关通过加处罚款实施的一种行政强制执行）；②划拨存款、汇款；③拍卖或者依法处理查封、扣押的场所、设施或者财物；④排除妨碍、恢复原状；⑤代履行；⑥强制拆除房屋或者设施；⑦强制清除地上物。

一招制敌 执行性是行政强制执行的本质特征。行政强制执行的目的在于以强制的方式迫使当事人履行义务，或达到与履行义务相同的状态。考生只要在试题中找到"执行性"的表述，就能把行政强制执行与其他具体行政行为区别开来。

[法条链接]《行政强制法》第2条第3款、第12条。

（四）行政许可

行政许可，是指在法律一般禁止的情况下，行政机关根据公民、法人或者其他组织的申请，通过颁发许可证或执照等方式，依法赋予特定的行政相对人从事某种活动或实施某种行为的权利或资格的行为。

[例] 以下行为都属于行政许可：①工商登记；②社会团体登记；③颁发机动车驾驶证；④特许经营许可；⑤建设工程规划许可；⑥建筑工程施工许可；⑦矿产资源许可；⑧药品注册许可；⑨医疗器械许可；⑩执业资格许可。

[法条链接]《行政许可法》第2条。

（五）行政确认

行政确认，是指行政机关对相对人的法律关系、法律事实或者法律地位给予确定、认可、证明的具体行政行为。

[例] 以下行为都属于行政确认：①基本养老保险资格或者待遇认定；②基本医疗保险资格或者待遇认定；③失业保险资格或者待遇认定；④工伤保险资格或者待遇认定；

⑤生育保险资格或者待遇认定；⑥最低生活保障资格或者待遇认定；⑦确认保障性住房分配资格；⑧颁发学位证书或者毕业证书。

注意：行政许可与行政确认的区别：行政许可一般是使相对人获得实施某种行为的权利或者从事某种活动的资格，而行政确认则仅仅是确认相对人的法律地位、权利义务和法律事实等。

（六）行政裁决

行政裁决，是指行政机关依据法律授权，对发生在行政管理活动中的平等主体间的特定民事争议进行审查并作出裁决的具体行政行为。

[例] 以下行为都属于行政裁决：①土地、矿藏、水流、荒地或者滩涂权属确权；②林地、林木、山岭权属确权；③海域使用权确权；④草原权属确权；⑤水利工程权属确权。

注意：行政确认与行政裁决的区别

（1）对象不同。行政确认的对象可以是合法的行为和事实，也可以是违法的行为和事实；可以是有争议的事项，也可以是没有争议的事项。行政裁决的对象必须是相对方提起的有争议的事实。

（2）目的不同。行政确认的目的是确认相对人的法律地位、法律关系和法律事实等；而行政裁决的目的是解决当事人之间的争议。

（3）法律效果不同。行政确认不创设当事人的权利，不增加当事人的义务；而行政裁决则可以直接增减、免除当事人的权利义务。

（七）行政征收与征用

行政征收或者征用，是指行政机关为了公共利益的需要，依照法定程序强制征收或者征用行政相对人的房屋、土地、动产，并给予补偿的一种具体行政行为。

[例] 以下行为都属于行政征收或者征用：①征收或者征用房屋；②征收或者征用土地；③征收或者征用动产。

注意：行政征收与行政征用的区别：行政征收涉及财产所有权，行政征用涉及财产使用权。

（八）行政给付

行政给付，是指行政机关对公民在年老、疾病或丧失劳动能力等情况或其他特殊情况下，依照有关法律、法规规定，赋予其一定的物质权益或与物质有关的权益的具体行政行为。

[例] 以下行为都属于行政给付：①给付抚恤金；②给付基本养老金；③给付基本医疗保险金；④给付失业保险金；⑤给付工伤保险金；⑥给付生育保险金；⑦给付最低生活保障金。

（九）行政公开

行政公开，是指公民、法人和其他组织对行政机关在行使行政职权的过程中掌握或控制的信息拥有知情权，除法律明确规定的不予公开事项外，行政机关应当通过有效的方式向社会公众和申请人公开。向社会公众公开是主动公开，向申请人公开是依申请公开。案例分析题中主要考查依申请公开，重点考查公开的范围。

1. 政府信息公开的标准：以公开为常态、不公开为例外。

2. 行政机关公开政府信息，不得危及国家安全、公共安全、经济安全和社会稳定。

3. 行政机关不得公开涉及国家秘密的政府信息。

注意：关于涉及国家秘密的政府信息，要建立健全政府信息公开审查机制，行政机关在公开政府信息前应当依法对拟公开的政府信息进行审查，行政机关不能确定政府信息是否可以公开的，应当依法报有关主管部门或保密行政管理部门确定。

4. 行政机关不得公开涉及商业秘密、个人隐私的政府信息。

注意：关于涉及商业秘密、个人隐私的政府信息，经权利人同意或者行政机关认为不公开会对公共利益造成重大影响的，可以予以公开。

5. 行政机关的内部事务信息，包括人事管理、后勤管理、内部工作流程等方面的信息，行政机关在履行行政管理职能过程中形成的讨论记录、过程稿、磋商信函、请示报告等过程性信息以及行政执法案卷信息，可以不予公开。

一招制敌 除法定的不予公开事项外，其他政府信息均应公开。试题中未明确是否属于不予公开事项时，推定应予以公开。

法条链接 《政府信息公开条例》第5、14~17条。

考点3 行政诉讼的受案标准

命题角度分析

案例分析题中，只要是具体行政行为，就属于行政诉讼受案范围，无需探究是哪一种具体行政行为。

法院审理行政案件，对行政行为是否合法进行审查。

一招制敌 法院审查的对象是行政行为，既包括具体行政行为，也包括行政协议行为。具体行政行为的判断是认定行政诉讼受案范围的关键。

法条链接 《行政诉讼法》第2条；《行诉解释》第1条第1款。

注意：在考试中，考生需要通过具体行政行为的三个要素来判断某一行为是否属于具体行政行为：①主体要素，即具体行政行为必须是行政权力主体所实施的行为；②职权要素，即具体行政行为必须是行使行政职权的行为；③法律要素，即具体行政行为是对行政相对人的权利义务进行直接处理或产生实际影响的行为。

[例] 某市经济发展局根据A公司的申请，作出鉴于B公司自愿放弃其在某合营公司的股权，退出该合营公司，恢复A公司在该合营公司的股东地位的批复。B公司不服，向法院提起诉讼。某市经济发展局的批复是对B公司的权利义务进行具体处理的行为，是具

体行政行为，属于行政诉讼受案范围。

考点 4 行政诉讼不予受理的行为

📝 命题角度分析

在案例分析题中，需要考生对行政诉讼不予受理的行为进行准确地识别和判断，特别是分析案例中的行为是否属于行政诉讼不予受理的行为，属于哪一种不予受理的行为。

（一）国家行为

国家行为，是指特定国家机关根据宪法和法律的授权，以国家的名义实施的有关国防和外交事务的行为，以及经宪法和法律授权的国家机关宣布紧急状态、实施戒严和总动员等行为。

一招制敌 根据行为主体来判断国家行为：国务院、中央军委、国防部、外交部。

（二）抽象行政行为

抽象行政行为，是指行政机关制定行政法规、行政规章和发布具有普遍约束力的决定、命令的行为。

❶注意：《行政诉讼法》虽然赋予公民、法人或者其他组织申请法院对抽象行政行为中的规章以下行政规范性文件审查的权利，但只是附带申请审查，而不是直接起诉规章以下行政规范性文件，抽象行政行为仍然不属于行政诉讼受案范围。

（三）内部行政行为

内部行政行为既包括行政机关的内部人事管理行为，即行政机关对其工作人员的奖惩、任免以及培训、考核、离退休、工资、休假等方面的决定，也包括行政机关、行政机构之间的行为，即上级行政机关对下级行政机关作出的行为、行政机关对内设机构作出的行为等。

[例1] 行政机关的内部沟通、会签意见、内部报批等行为，属于内部行政行为。

[例2] 上级行政机关基于内部层级监督关系对下级行政机关作出的听取报告、执法检查、督促履责等行为，属于内部行政行为。

一招制敌 内部行政行为不属于行政诉讼受案范围；外部行政行为一般是具体行政行为，属于行政诉讼受案范围。内部行政行为是对行政系统内的下级行政机关、内设机构、工作人员所作的行为，外部行政行为是对行政系统外的公民、法人或者其他组织所作的行为。

（四）最终裁决行为

行政机关最终裁决的行政行为只能由法律规定，这里的"法律"仅限于全国人大及其常务委员会制定、通过的规范性文件。最终裁决行为包括：

1. 对国务院部门或者省、自治区、直辖市政府的具体行政行为不服的，向作出该具体行政行为的国务院部门或者省、自治区、直辖市政府申请行政复议。对行政复议决定不服的，向国务院申请裁决，国务院作出的裁决为最终裁决。

2. 根据国务院或者省、自治区、直辖市政府对行政区划的勘定、调整或者征收土地的决定，省、自治区、直辖市政府确认自然资源的所有权或者使用权的行政复议决定为最终裁决。

（五）刑事侦查行为

刑事侦查行为，是指公安、国家安全等国家机关以刑事侦查机关身份实施的行为。

注意：刑事侦查行为只能是公安、国家安全等机关在《刑事诉讼法》明确授权的范围内实施的行为。

[例] 讯问刑事犯罪嫌疑人，询问证人，检查、搜查、扣押物品（物证、书证），冻结存款、汇款，通缉，拘传，取保候审，保外就医，监视居住，刑事拘留，执行逮捕等，都是刑事侦查行为。

一招制敌 公安、国家安全等机关在《刑事诉讼法》授权范围之外所实施的行为一般都推定为具体行政行为，属于行政诉讼受案范围。

（六）行政调解行为和仲裁行为

1. 行政调解，是指行政机关劝导发生民事争议的当事人自愿达成协议的一种行政活动。

注意：①行政机关借调解之名，违背当事人的意志作出具有强制性的决定，视为行政裁决行为；②行政机关在实施调解过程中实施了具体行政行为，如采取了强制措施。这两种情形都属于行政诉讼受案范围。

2. 行政仲裁，是指行政机关下设的仲裁机构以中立身份按照法定程序对平等主体之间的民事纠纷作出有法律拘束力的裁决。

注意：当事人一方不服行政仲裁的，可以依法提起民事诉讼，但不能提起行政诉讼。

（七）行政指导行为

行政指导行为，是指行政机关以倡导、示范、建议、咨询等方式，引导公民、法人和其他组织自愿配合而达到行政管理目的的行为。

注意：如果行政机关在实施行政指导时带有强制性，那么这种"假指导真强制"的行为，就属于行政诉讼受案范围。

（八）重复处理行为

重复处理行为，是指行政机关根据公民的申请或者申诉，对原有的生效行政行为作出的没有任何改变的再次处理决定。

注意："申诉"不是指申请复议行为，而是指当事人在超过复议申请期限和起诉期限的情况下，对已经生效的行政行为不服而向有关行政机关提出的申诉。

（九）执行生效裁判行为

执行生效裁判行为是行政机关根据法院的生效裁判、协助执行通知书作出的执行行为。

> **注意**：行政机关协助执行时，扩大执行范围或者采取违法方式实施的行为，属于行政诉讼受案范围。

（十）对公民、法人或者其他组织权利义务不产生实际影响的行为

对公民、法人或者其他组织权利义务不产生实际影响的行为，是指行政机关在作出行政行为之前实施的各种准备行为、阶段性行为、过程性行为。

> **注意**："实际影响"，是指使公民、法人或者其他组织的权利、义务发生了变化，如限制、减少权利，增加、免除、减少义务等；"没有实际影响"意味着行政活动没有使公民、法人或者其他组织权利义务发生实在的变动。

[例1] 行政机关为作出行政行为而实施的准备、论证、研究、层报、咨询等行为，属于行政过程性行为，不属于行政诉讼受案范围。

[例2] 行政机关依据《信访条例》作出的登记、受理、交办、转送、承办、协调处理、监督检查、指导信访事项等行为，属于程序性处理行为，不属于行政诉讼受案范围。

一招制敌

（1）行政许可过程中告知申请人补正申请材料、听证等通知行为，不属于行政诉讼受案范围；但是若告知补正申请材料、听证等通知行为对于申请人或利害关系人具有事实上的最终性，则属于行政诉讼受案范围。

（2）公民、法人或者其他组织认为行政机关不依法履行主动公开政府信息义务时：①直接向法院提起诉讼的，不属于行政诉讼受案范围；②向行政机关申请获取政府信息，对行政机关的答复或者逾期不予答复不服，向法院提起诉讼的，属于行政诉讼受案范围。

法条链接《行政诉讼法》第13条；《行政复议法》第14条、第30条第2款；《行诉解释》第1条第2款、第2条；《行政许可案件规定》第3条；《政府信息公开案件规定》第2、3条。

专题 2　具体行政行为的设定与实施

具体行政行为的设定是指行政处罚、行政许可、行政强制的创设和具体规定，具体行政行为的实施是指行政处罚、行政许可、行政强制、行政公开的实施程序。

考点 1　具体行政行为的设定

命题角度分析

在案例分析题中主要考查设定权限，即不同法律规范对于行政处罚、行政许可、行政强制的设定权限，考查地方性法规和规章设定具体行政行为的合法性。

（一）行政处罚的设定

	行政处罚的种类		可设定该行政处罚的规范性法律文件
设定权限	行政拘留		法律
	吊销营业执照		行政法规
	其他行政处罚		地方性法规
	罚款	不限数额	
		一定数额	部门规章 地方政府规章
	警告、通报批评		
具体规定	在上位法规定的给予行政处罚的行为、种类和幅度的范围内作出具体规定		行政法规、地方性法规、部门规章、地方政府规章

[提示]　行政拘留只能由法律设定；吊销营业执照的处罚只能由法律和行政法规设定。

[法条链接]《行政处罚法》第 10 条、第 11 条第 1 款、第 12 条第 1 款、第 13 条第 2 款、第 14 条第 2 款、第 16 条。

[提示]　行政处罚的设定与具体规定的区别：设定是一种创设，具体规定是下位法对上位法已设定的处罚进行细化。

[一招制敌]　行政处罚设定中的上位法与下位法关系：尚未制定上位法的，下位法可以在其设定权限内设定行政处罚；上位法对违法行为已设定行政处罚的，下位法只能在上位法规定的行政处罚的行为、种类和幅度范围内作出具体规定。

[法条链接]《行政处罚法》第 11 条第 2 款、第 12 条第 2 款、第 13 条第 1 款、第 14 条第 1 款。

（二）行政许可的设定

许可设定	法　　律	只能中央统一设定；由国家统一确定资格、资质的行政许可，组织设立登记及其前置性行政许可
	行政法规（包括国务院决定）	
	地方性法规	不得限制外地个人或企业、不得限制外地商品
	省级地方政府规章（1年临时性许可）	
许可规定	在上位法设定的行政许可事项范围内，不得增设行政许可，不得增设违反上位法的其他条件	

一招制敌 行政许可的设定只能采用法律、行政法规、国务院决定和地方性法规、省级地方政府规章的形式，其他规范性文件一律不得设定行政许可。尚未制定上位法的，下位法可以设定行政许可；已经制定上位法但没有设定行政许可的，下位法不得设定行政许可。

注意：行政许可的规定，是指下位法在上位法设定的行政许可事项范围内，对实施该行政许可作出具体规定。行政许可的规定有三个要求：①在上位法设定的行政许可事项范围内；②不得增设行政许可；③不得增设违反上位法的其他条件。

法条链接《行政许可法》第14~17条。

（三）行政强制措施的设定

行政强制措施的种类		可以设定该行政强制措施的规范性法律文件
限制公民人身自由		法　　律
冻结存款、汇款		
其他强制措施	法律规定的	
	法律规定以外的	行政法规（尚未制定法律）
查封场所、设施或者财物		地方性法规（尚未制定法律、行政法规）
扣押财物		

一招制敌

（1）限制公民人身自由和冻结存款、汇款的行政强制措施只能由法律设定；

（2）地方性法规只能设定查封和扣押。

法条链接《行政强制法》第10条。

（四）行政强制执行的设定

行政强制执行由法律设定。

一招制敌 行政强制执行只能由法律设定，行政法规、地方性法规等都不得设定行政强制执行。

法条链接《行政强制法》第13条第1款。

一招制敌

（1）行政处罚的设定主体：①法律；②行政法规；③地方性法规；④国务院部门规章和地方政府规章。

（2）行政许可的设定主体：①法律；②行政法规；③地方性法规；④省、自治区、直辖市政府规章。

（3）行政强制措施的设定主体：①法律；②行政法规；③地方性法规。

（4）行政强制执行的设定主体：法律。

考点2 行政处罚的实施

命题角度分析

在案例分析题中主要考查行政处罚适用的具体要求、行政处罚程序（包括治安管理处罚的特别程序）的具体规则，要求考生对行政处罚程序的合法性进行判断，特别是在程序违法时，能阐述具体理由。

（一）执法人员

1. 执法资格

行政处罚应当由具有行政执法资格的执法人员实施。

2. 执法人数

执法人员不得少于2人，法律另有规定的除外。

3. 执法回避

执法人员与案件有直接利害关系或者有其他关系可能影响公正执法的，应当回避。

[法条链接]《行政处罚法》第42条第1款、第43条。

（二）一事不再罚

一事不再罚是重复罚款之禁止。对当事人的同一违法行为违反多个法律规范应当给予罚款处罚的，按照罚款数额高的规定执行，但不得给予2次以上罚款的行政处罚。

注意：同一违法行为不能给予2次以上罚款，但可以进行不同种类的处罚。例如，针对同一违法行为，可以同时进行罚款和吊销许可证。

一招制敌 一事不再罚要与责令改正、限期改正结合起来适用。行政机关要求当事人改正而当事人拒不改正的违法行为就不属于"同一违法行为"，再次对其罚款不违反一事不再罚。

[法条链接]《行政处罚法》第28条第1款、第29条。

（三）陈述、申辩

1. 告知权利

行政机关在作出行政处罚决定之前，应当告知当事人拟作出的行政处罚内容及事实、理由、依据，并告知当事人依法享有的陈述、申辩、要求听证等权利。

2. 听取意见

当事人有权进行陈述和申辩。行政机关必须充分听取当事人的意见。

3. 申辩不得加重处罚

行政机关不得因当事人陈述、申辩而给予更重的处罚。

4. 拒绝听取陈述、申辩不得处罚

行政机关及其执法人员在作出行政处罚决定之前，未依法向当事人告知拟作出的行政处罚内容及事实、理由、依据，或者拒绝听取当事人的陈述、申辩，不得作出行政处罚决定；当事人明确放弃陈述或者申辩权利的除外。

[法条链接]《行政处罚法》第44、45、62条。

（四）从轻、减轻处罚

为了保障被处罚当事人的正当权益，当事人有下列情形的，应当从轻或减轻行政处罚：①已满14周岁不满18周岁的未成年人有违法行为的；②主动消除或者减轻违法行为危害后果的；③受他人胁迫或者诱骗实施违法行为的；④主动供述行政机关尚未掌握的违法行为的；⑤配合行政机关查处违法行为有立功表现的。

尚未完全丧失辨认或者控制自己行为能力的精神病人、智力残疾人有违法行为的，可以从轻或减轻行政处罚。

[法条链接]《行政处罚法》第30~32条。

（五）不予处罚

1. 不予行政处罚的情形

（1）不满14周岁的未成年人有违法行为的；

（2）精神病人、智力残疾人在不能辨认或者不能控制自己行为时有违法行为的；

（3）违法行为轻微并及时改正，没有造成危害后果的；（初次违法且危害后果轻微并及时改正的，可以不予行政处罚）

（4）违法事实不清、证据不足的；

（5）当事人有证据足以证明没有主观过错的；（法律、行政法规另有规定的除外）

（6）超出处罚时效的。

2. 行政处罚的时效要求

（1）违法行为在2年内未被发现的，不再给予行政处罚。

（2）对涉及公民生命健康安全、金融安全且有危害后果的违法行为，在5年内未被发现的，不再给予行政处罚。

（3）法律另有规定的除外。例如，《税收征收管理法》第86条规定，违反税收法律、行政法规应当给予行政处罚的行为，在5年内未被发现的，不再给予行政处罚。

（4）2年和5年的期限，从违法行为发生之日起计算；违法行为有连续或者继续状态的，从行为终了之日起计算。

[法条链接]《行政处罚法》第30、31条，第33条第1、2款，第36、40条。

（六）治安管理处罚的适用

不予处罚	（1）违反治安管理行为在6个月内没有被公安机关发现的； （2）不满14周岁的人违反治安管理的； （3）精神病人在不能辨认或者不能控制自己行为的时候违反治安管理的。
减轻处罚或不予处罚	（1）情节特别轻微的； （2）主动消除或者减轻违法后果，并取得被侵害人谅解的； （3）出于他人胁迫或者诱骗的； （4）主动投案，向公安机关如实陈述自己的违法行为的； （5）有立功表现的。
可从轻、减轻或不予处罚	盲人或者又聋又哑的人违反治安管理的。
从轻或减轻处罚	已满14周岁不满18周岁的人违反治安管理的。
从重处罚	（1）有较严重后果的； （2）教唆、胁迫、诱骗他人违反治安管理的； （3）对报案人、控告人、举报人、证人打击报复的； （4）6个月内曾受过治安管理处罚的。
调解与处罚	条件：对于因民间纠纷引起的打架斗殴或者损毁他人财物等违反治安管理行为，情节较轻的。
	适用结果：私了：经公安机关调解，当事人达成协议的，不予处罚。
	公了：经调解未达成协议或达成协议后不履行的，公安机关应当依照《治安管理处罚法》的规定对违反治安管理行为人给予处罚，并告知当事人可就民事争议依法向法院提起民事诉讼。

[法条链接]《治安管理处罚法》第9、12~14、19、20条，第22条第1款，第91条。

（七）行政处罚的决定程序

1. 简易程序

适用条件	违法事实确凿并有法定依据，对公民处以200元以下、对法人或者其他组织处以3000元以下罚款或者警告的行政处罚的。
	法律另有规定的除外。
处罚决定	执法人员可以当场作出行政处罚决定，但应当向当事人出示执法证件，填写预定格式、编有号码的行政处罚决定书。
	行政处罚决定书应当载明：①当事人的违法行为；②行政处罚的种类和依据、罚款数额、时间、地点；③申请行政复议、提起行政诉讼的途径和期限以及行政机关名称。
	行政处罚决定书应由执法人员签名或者盖章。
	执法人员当场作出的行政处罚决定，应当报所属行政机关备案。

续表

送达	行政处罚决定书应当当场交付当事人。当事人拒绝签收的，应当在行政处罚决定书上注明。

[法条链接]《行政处罚法》第51、52条。

2. 普通程序

调查检查	执法人员在调查或者进行检查时，应当主动向当事人或者有关人员出示执法证件。当事人或者有关人员有权要求执法人员出示执法证件。执法人员不出示执法证件的，当事人或者有关人员有权拒绝接受调查或者检查。
	询问或者检查应当制作笔录。
	行政机关在收集证据时，可以采取抽样取证的方法；在证据可能灭失或者以后难以取得的情况下，经行政机关负责人批准，可以先行登记保存，并应当在7日内及时作出处理决定。
	行政机关及其工作人员对实施行政处罚过程中知悉的国家秘密、商业秘密或者个人隐私，应当依法予以保密。
	符合立案标准的，行政机关应当及时立案。
处罚决定	调查终结，行政机关负责人应当对调查结果进行审查。对情节复杂或者重大违法行为给予行政处罚，行政机关负责人应当集体讨论决定。
	行政处罚决定前需要进行法制审核的情形： （1）涉及重大公共利益的； （2）直接关系当事人或者第三人重大权益，经过听证程序的； （3）案件情况疑难复杂、涉及多个法律关系的； （4）法律、法规规定应当进行法制审核的其他情形。
	行政处罚决定书应当载明： （1）当事人的姓名或者名称、地址； （2）违反法律、法规、规章的事实和证据； （3）行政处罚的种类和依据； （4）行政处罚的履行方式和期限； （5）申请行政复议、提起行政诉讼的途径和期限； （6）作出行政处罚决定的行政机关名称和作出决定的日期。
	行政处罚决定书必须盖有作出行政处罚决定的行政机关的印章。
	行政机关应当自行政处罚案件立案之日起90日内作出行政处罚决定。法律、法规、规章另有规定的，从其规定。
送达	行政处罚决定书应当在宣告后当场交付当事人。
	当事人不在场的，行政机关应当在7日内依照《民事诉讼法》的有关规定，将行政处罚决定书送达当事人。
	[注意]当事人同意并签订确认书的，行政机关可以采用传真、电子邮件等方式，将行政处罚决定书等送达当事人。

[法条链接]《行政处罚法》第 50 条、第 54 条第 2 款、第 55~57 条、第 58 条第 1 款、第 59~61 条。

3. 听证程序

听证程序，是指在行政机关作出重大行政处罚决定之前，公开举行专门会议，由行政处罚机关调查人员提出指控、证据和处理建议，当事人进行申辩和质证的程序。

听证范围	(1) 较大数额罚款； (2) 没收较大数额违法所得、没收较大价值非法财物； (3) 降低资质等级、吊销许可证件； (4) 责令停产停业、责令关闭、限制从业； (5) 其他较重的行政处罚； (6) 法律、法规、规章规定的其他情形。
听证启动	(1) 行政机关应当在作出行政处罚决定前告知当事人有要求听证的权利； (2) 当事人被告知后 5 日内提出听证要求的，行政机关应组织听证。
听证通知	行政机关应当在举行听证的 7 日前，通知当事人及有关人员听证的时间、地点。
听证公开	除涉及国家秘密、商业秘密或者个人隐私依法予以保密外，听证公开举行。
听证主持人	(1) 听证由行政机关指定的非本案调查人员主持； (2) 当事人认为主持人与本案有直接利害关系的，有权申请回避。
听证当事人	(1) 当事人可以亲自参加听证，也可以委托 1~2 人代理； (2) 当事人及其代理人无正当理由拒不出席听证或者未经许可中途退出听证的，视为放弃听证权利，行政机关终止听证。
听证举行	举行听证时，调查人员提出当事人违法的事实、证据和行政处罚建议，当事人进行申辩和质证。
听证笔录	(1) 听证应当制作笔录。 (2) 笔录应当交当事人或者其代理人核对无误后签字或者盖章。当事人或者其代理人拒绝签字或者盖章的，由听证主持人在笔录中注明。 (3) 听证结束后，行政机关应当根据听证笔录，依法作出决定。
听证费用	当事人不承担行政机关组织听证的费用。

[法条链接]《行政处罚法》第 63、64 条。

（八）治安管理处罚的决定程序

[提示] 治安管理处罚的程序，适用《治安管理处罚法》的规定；《治安管理处罚法》没有规定的，适用《行政处罚法》的规定。

1. 调查

（1）传唤

原则上应当使用传唤证传唤，即书面传唤，例外是口头传唤，但适用口头传唤有三个要求：①现场发现违反治安管理的行为人；②警察出示工作证件；③在询问笔录中应当注明口头传唤。另外,公安机关应当及时将传唤的原因和处所通知家属。

(2) 询问

治安管理处罚中的询问查证时间:一般情形下不得超过 8 小时;特殊情形(可能适用行政拘留)下不得超过 24 小时。

注意: 对被侵害人或者其他证人的询问是"通知"其到公安机关,对违反治安管理行为人的询问是"传唤"其到公安机关。

(3) 检查

公安机关检查公民住所的三个条件:①警察不得少于 2 人;②警察应当出示工作证件;③警察应当出示县级以上政府公安机关开具的检查证明文件。

另外,检查都应当制作检查笔录。

(4) 扣押

扣押的财产必须跟案件有关。对被侵害人或善意第三人合法占有的财产,不得扣押,应予登记。

法条链接《治安管理处罚法》第 82 条第 1 款、第 83 条、第 87 条第 1 款、第 88 条、第 89 条第 1 款。

2. 决定

(1) 简易程序与听证程序的适用条件

❶违反治安管理行为事实清楚,证据确凿,处警告或者 200 元以下罚款的,可以适用简易程序,当场作出治安管理处罚决定;

❷适用简易程序作出决定的,应当在 24 小时内报所属公安机关备案;

❸吊销许可证及 2000 元以上的罚款,适用听证程序。

一招制敌 行政拘留不属于听证的法定范围:①公安机关没有义务告知被拘留人有权要求举行听证,即使被拘留人申请听证,公安机关可以拒绝举行听证;②公安机关告知被拘留人有权要求举行听证,被拘留人申请听证的,公安机关应当举行听证。

(2) 治安管理处罚决定书的送达

❶治安管理处罚决定书无法当场向被处罚人宣告的,应当在 2 日内送达被处罚人;

❷有被侵害人的,还应当将决定书副本抄送被侵害人;

❸决定给予行政拘留处罚的,应当及时通知被处罚人的家属。

(3) 治安案件的期限

❶原则:公安机关自受理之日起不得超过 30 日;

❷例外:案情重大、复杂的,经上一级公安机关批准,可以延长 30 日。

为了查明案情进行鉴定的期间,不计入办理治安案件的期限。

法条链接《治安管理处罚法》第 97~100 条、第 101 条第 3 款。

(九) 行政罚款的收缴

1. 罚缴分离

原则上,作出罚款决定的行政机关应当与收缴罚款的机构分离,作出行政处罚决定的行政机关及其执法人员不得自行收缴罚款。当事人应当自收到行政处罚决定书之日起15日内，到指定的银行或者通过电子支付系统缴纳罚款。银行应当收受罚款，并将罚款直接上缴国库。

2. 当场收缴

执法人员当场收缴罚款是例外。

（1）执法人员可以当场收缴罚款的，有三种情形：

❶依法给予100元以下罚款的；

❷不当场收缴事后难以执行的；

❸在边远、水上、交通不便地区，当事人到指定的银行或者通过电子支付系统缴纳罚款确有困难的，经当事人提出，行政机关及其执法人员可以当场收缴罚款。

（2）当事人拒绝缴纳罚款。

行政机关及其执法人员当场收缴罚款的，必须向当事人出具国务院财政部门或者省、自治区、直辖市政府财政部门统一制发的专用票据；不出具财政部门统一制发的专用票据的，当事人有权拒绝缴纳罚款。

[法条链接]《行政处罚法》第67~70条。

[提示]《治安管理处罚法》与《行政处罚法》规定的当场收缴罚款数额不同：分别是50元以下和100元以下。

[法条链接]《治安管理处罚法》第104条。

考点3 行政许可的实施

命题角度分析

在案例分析题中主要考查行政许可的决定程序、行政许可的监督管理以及行政许可的费用，考查考生对行政许可决定程序合法性的判断，以及行政许可的监督管理中适用吊销、撤销、撤回、注销的区别。

（一）行政许可的决定程序

```
                                    依申请或依职权启动
                                            ↓
可委托申请      一次告知补正内容         听证        有效期届满30日前申请
    ↓              ↓                    ↓ ↑                ↓
  申请  ⇒        受理       ⇒         审查     ⇒    决定    ⇒    延续
    ↓              ↓                    ↓              ↓              ↓
对材料真实性负责   书面凭证         告知利害关系人    书面；不许可    有效期届满
                                                      应说明理由        前决定
```

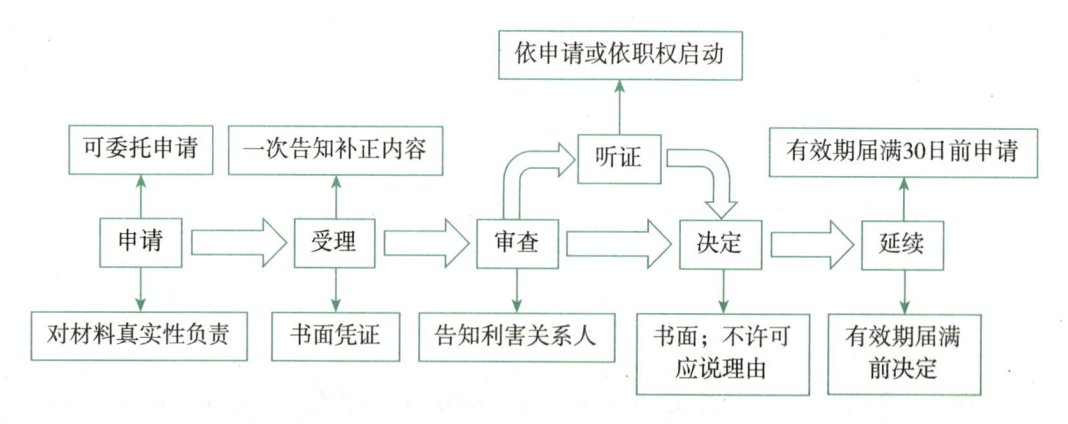

1. 申请

(1) 原则上应当书面申请,并且应当到行政机关办公场所提出行政许可申请;但从便民的角度出发,行政许可申请可以通过信函、电报、电传、传真、电子数据交换和电子邮件等方式提出,也可以委托代理人提出。

(2) 申请人在申请行政许可时的义务——对申请材料实质内容的真实性负责。

注意:提供虚假材料申请行政许可的法律后果有:①行政机关不予受理或者不予行政许可,并给予警告;行政许可申请属于直接关系公共安全、人身健康、生命财产安全事项的,申请人在1年内不得再次申请该行政许可。②取得行政许可的,行政机关撤销行政许可;取得的行政许可属于直接关系公共安全、人身健康、生命财产安全事项的,申请人在3年内不得再次申请该许可。

法条链接《行政许可法》第29条,第31条第1款,第78、79条。

2. 受理

受理属于形式审查。

(1) 申请材料存在可以当场更正的错误的,应当允许申请人当场更正;

(2) 申请材料不齐全或者不符合法定形式的,应当当场或者在5日内一次告知申请人需要补正的全部内容,逾期不告知的,自收到申请材料之日起即为受理;

(3) 行政机关受理或者不予受理行政许可申请,应当出具加盖本行政机关专用印章和注明日期的书面凭证。

法条链接《行政许可法》第32条。

3. 审查

审查属于实质审查,区别于受理的形式审查。

(1) 根据法定条件和程序,需要对申请材料的实质内容进行核实的,行政机关应当指派2名以上工作人员进行核查。

(2) 依法应当先经下级行政机关审查后报上级行政机关决定的行政许可,下级行政机关应当在法定期限内将初步审查意见和全部申请材料直接报送上级行政机关。上级行政机关不得要求申请人重复提供申请材料。

(3) 依法应当先经下级行政机关审查后报上级行政机关决定的行政许可,下级行政机关应当自其受理行政许可申请之日起20日内审查完毕。但是,法律、法规另有规定的除外。

(4) 行政许可事项直接关系他人重大利益的,行政机关应当告知该利害关系人,并听取其意见。

法条链接《行政许可法》第34条第3款,第35、36、43条。

4. 听证

听证是审查中的特殊程序。行政许可的听证程序与行政处罚的听证程序的基本规则是相同的,但存在两点不同:

(1) 听证程序的启动不同。

❶行政处罚的听证程序是依申请启动。

❷行政许可的听证程序有两种启动方式：a. 行政机关根据申请人或利害关系人的申请组织听证；b. 行政机关依职权主动举行听证。

[注意]：行政机关依职权主动举行听证的两种情形：①法律、法规、规章规定实施行政许可应听证的事项；②行政机关认为需要听证的其他涉及公共利益的重大行政许可事项。

（2）依申请组织听证时，行政机关组织听证的时间不同。

❶《行政处罚法》没有规定行政机关收到申请后组织听证的时间；

❷《行政许可法》规定行政机关收到申请后20日内组织听证。

[法条链接]《行政许可法》第46条、第47条第1款。

5. 决定

（1）决定期限

❶能够当场作出行政许可决定的，行政机关应当当场作出书面的行政许可决定。

❷一般情况下，行政机关应当自受理行政许可申请之日起20日内作出行政许可决定；20日内不能作出决定的，经本行政机关负责人批准，可以延长10日，并应当将延长期限的理由告知申请人。法律、法规另有规定的除外。

❸行政许可采取统一办理或者联合办理、集中办理的，办理的时间不得超过45日；45日内不能办结的，经本级人民政府负责人批准，可以延长15日，并应当将延长期限的理由告知申请人。

[注意]：行政许可的决定期限：①当场作出行政许可决定。②自受理行政许可申请之日起20日内作出行政许可决定；经本行政机关负责人批准，可以延长10日。③统一办理或者联合办理、集中办理的行政许可，办理的时间不得超过45日；经本级人民政府负责人批准，可以延长15日。

[一招制敌]行政许可决定的审查期限是20日，法律、法规另有规定的除外。这一规定有三层含义：①法律、法规没有规定的，都适用20日的审查期限；②法律、法规另有规定的，不管是超过20日还是少于20日，都适用法律、法规的规定；③法律、法规以外的规范另有规定的，还是适用20日的审查期限。

（2）决定的形式

准予行政许可和不予行政许可的决定都应采取书面形式。行政机关依法作出不予行政许可决定的，应当说明理由。行政机关作出的准予行政许可决定，应当予以公开，公众有权查阅。

[法条链接]《行政许可法》第34条第2款，第38、40、42条。

6. 延续

（1）被许可人需要延续依法取得的行政许可的有效期的，应当在该行政许可有效期届满30日前向作出行政许可决定的行政机关提出申请；法律、法规、规章另有规定的除外。

（2）行政机关应当根据被许可人的申请，在该行政许可有效期届满前作出是否准予延续的决定；逾期未作决定的，视为准予延续。

[法条链接]《行政许可法》第50条。

（二）行政许可的监督管理

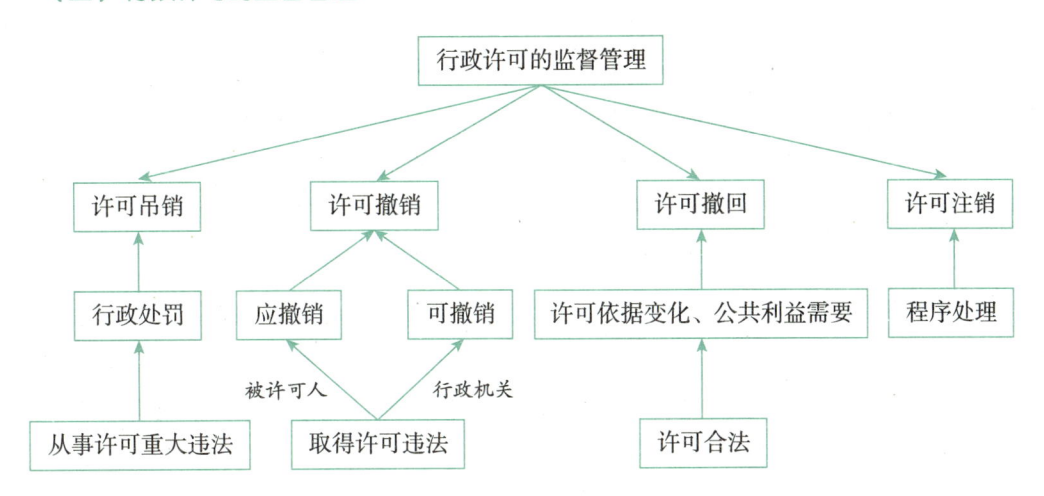

```
                    行政许可的监督管理
            ┌──────────┬──────────┬──────────┐
         许可吊销    许可撤销    许可撤回    许可注销
            │      ┌───┴───┐       │          │
         行政处罚  应撤销  可撤销  许可依据变化、  程序处理
                    │被许可人│行政机关 公共利益需要
         从事许可重大违法  取得许可违法  许可合法
```

1. 行政许可的吊销

行政许可吊销的前提是被许可人从事行政许可有重大违法行为。吊销行政许可是对被许可人的一种行政处罚。

[例] 1年内2次酒后驾车的，一律吊销驾照。

2. 行政许可的撤销

撤销是行政许可决定机关或其上级机关，根据利害关系人的请求或依据职权使违法取得的行政许可丧失效力的处理。违法取得的行政许可有两种情况：

（1）可撤销的行政许可

❶行政机关工作人员滥用职权、玩忽职守作出的准予行政许可决定；

❷超越法定职权作出的准予行政许可决定；

❸违反法定程序作出的准予行政许可决定；

❹对不具备申请资格或者不符合法定条件的申请人的准予行政许可决定。

（2）应撤销的行政许可：被许可人以欺骗、贿赂等不正当手段取得的行政许可。

注意：符合可撤销、应撤销的条件，但撤销行政许可可能对公共利益造成重大损害的，不予撤销。

一招制敌 可撤销的行政许可被撤销，导致被许可人的合法权益受到损害的，行政机关应予赔偿；应撤销的行政许可被撤销的，被许可人基于行政许可取得的利益不受保护。

3. 行政许可的撤回

行政许可撤回的前提是行政许可合法。行政许可的撤回有两个条件：

（1）行政许可所依据的法律、法规、规章修改或者废止，或者准予行政许可所依据的客观情况发生重大变化的；

（2）为了公共利益的需要。

一招制敌 行政许可的撤回给公民、法人或者其他组织造成财产损失的，行政机关应予补偿。

4. 行政许可的注销

注销是对不能继续实施的行政许可进行的程序处理，不涉及被许可人的实体权利。

[例] 律师发生交通事故成为植物人，其律师执业许可予以注销。

注销涉及六种情形：①行政许可有效期届满未延续的；②赋予公民特定资格的行政许可，该公民死亡或者丧失行为能力的；③法人或者其他组织依法终止的；④行政许可依法被撤销、撤回，或者行政许可证件依法被吊销的；⑤因不可抗力导致行政许可事项无法实施的；⑥法律、法规规定的应当注销行政许可的其他情形。

[法条链接]《行政许可法》第8条第2款，第69、70条。

（三）行政许可的费用

行政许可的费用方面有两个基本制度，即禁止收费原则和法定例外收费。

1. 原则上不得收费

行政机关实施行政许可和对行政许可事项进行监督检查，不得收取任何费用。

2. 例外收费

行政机关实施行政许可收取费用的，必须以法律和行政法规的规定为依据，并且应当遵守以下要求：①按照公布的法定项目和标准收费；②所收取的费用必须全部上缴国库；③财政部门不得以任何形式向行政机关返还或者变相返还实施行政许可所收取的费用。

注意：行政机关提供行政许可申请书格式文本不得收费，没有例外。

[法条链接]《行政许可法》第58条第1、2款，第59条。

考点4 行政强制措施的实施

命题角度分析

在案例分析题中主要考查行政强制措施的程序（尤其是查封、扣押的特别程序）的具体规则，要求考生对行政强制措施程序的合法性进行判断，特别是在程序违法时，能阐述具体理由。

（一）行政强制措施的一般程序

报告批准	一般情况：实施前须向行政机关负责人报告并经批准。 情况紧急：当场实施行政强制措施的，执法人员应当在实施后24小时内向行政机关负责人报告，并补办批准手续。
执法人员	2名以上具备资格的行政执法人员，出示执法身份证件。
当事人	(1) 通知当事人到场； (2) 当场告知当事人采取行政强制措施的理由、依据以及当事人依法享有的权利、救济途径； (3) 听取当事人的陈述和申辩。

续表

现场笔录	当事人到场：当事人和行政执法人员签名或者盖章，当事人拒绝的，在笔录中予以注明。
	当事人不到场：邀请见证人到场，由见证人和行政执法人员在现场笔录上签名或者盖章。

[法条链接]《行政强制法》第18、19条。

（二）查封、扣押的特别程序

在遵循一般程序要求的基础上，查封、扣押还应当遵循特别的程序要求。

1. 对象。查封、扣押的对象限于涉案的场所、设施或者财物，有三个不得：

（1）不得查封、扣押与违法行为无关的场所、设施或者财物；

（2）不得查封、扣押公民个人及其所扶养家属的生活必需品；

（3）当事人的场所、设施或者财物已被其他国家机关依法查封的，不得重复查封。

2. 形式。行政机关决定实施查封、扣押的，要有两个文书：查封、扣押决定书和查封、扣押清单，具体要求是：

（1）应当制作并当场交付查封、扣押决定书和清单。

（2）查封、扣押决定书应当载明的事项：①当事人的姓名或者名称、地址；②查封、扣押的理由、依据和期限；③查封、扣押场所、设施或者财物的名称、数量等；④申请行政复议或者提起行政诉讼的途径和期限；⑤行政机关的名称、印章和日期。

（3）查封、扣押清单一式二份，由当事人和行政机关分别保存。

3. 期限

（1）查封、扣押的期限不得超过30日。法律、行政法规另有规定的除外。

（2）情况复杂的，经行政机关负责人批准，可以延长，但是延长期限不得超过30日。法律、行政法规另有规定的除外。延长查封、扣押的决定应当及时书面告知当事人，并说明理由。

4. 费用

查封、扣押还涉及两项费用：①查封、扣押期间的保管费用；②查封、扣押之后对被查封、扣押的物品进行检测、检验、检疫或者技术鉴定的费用。这两项费用都是由行政机关承担。

[法条链接]《行政强制法》第23～25条、第26条第3款。

考点5 行政强制执行的实施

命题角度分析

在案例分析题中主要考查行政机关强制执行程序和行政机关申请法院强制执行程序的具体规则，要求考生对行政机关强制执行程序（包括金钱给付义务执行程序和代履行程序）的合法性进行判断，掌握行政机关申请法院强制执行的适用条件和实施步骤。

（一）行政机关强制执行程序

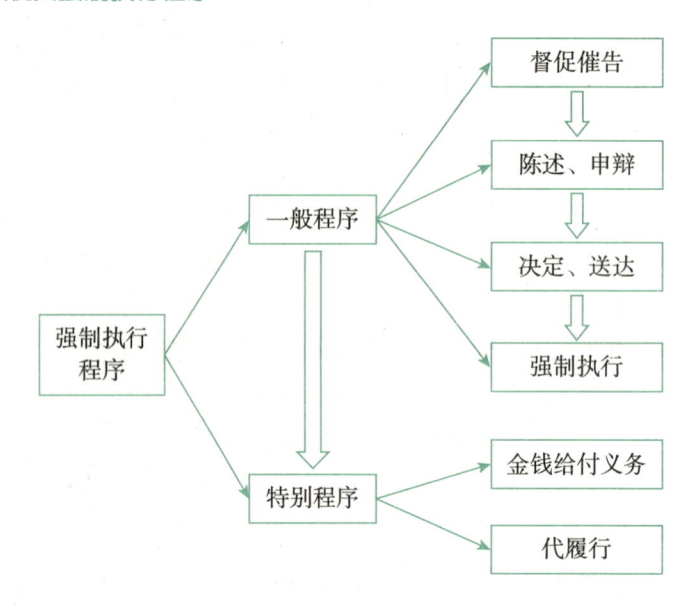

```
                          ┌─→ 督促催告
                          │    ↓
                   ┌─ 一般程序 ─→ 陈述、申辩
                   │      │    ↓
强制执行程序 ─┤      │    决定、送达
                   │      │    ↓
                   │      └─→ 强制执行
                   │
                   └─ 特别程序 ─┬─→ 金钱给付义务
                                └─→ 代履行
```

1. 一般程序

（1）督促催告

❶ 行政机关作出强制执行决定前，应当事先催告当事人履行义务。

❷ 催告应当以书面形式作出，并载明下列事项：a. 履行义务的期限；b. 履行义务的方式；c. 涉及金钱给付的，应当有明确的金额和给付方式；d. 当事人依法享有的陈述权和申辩权。

（2）陈述与申辩

❶ 当事人收到催告书后有权进行陈述和申辩；

❷ 行政机关应当充分听取当事人的意见，对当事人提出的事实、理由和证据，应当进行记录、复核；

❸ 当事人提出的事实、理由或者证据成立的，行政机关应当采纳。

（3）作出强制执行决定和送达

❶ 经催告，当事人逾期仍不履行行政决定，且无正当理由的，行政机关可以作出强制执行决定。

❷ 强制执行决定应当以书面形式作出，并载明下列事项：a. 当事人的姓名或者名称、地址；b. 强制执行的理由和依据；c. 强制执行的方式和时间；d. 申请行政复议或者提起行政诉讼的途径和期限；e. 行政机关的名称、印章和日期。

❸ 在催告期间，对有证据证明有转移或者隐匿财物迹象的，行政机关可以作出立即强制执行决定。

❹ 催告书、行政强制执行决定书应当直接送达当事人。当事人拒绝接收或者无法直接送达当事人的，应当依照《民事诉讼法》的有关规定送达。

(4) 采取强制执行措施

❶文书经送达后,行政机关根据执行内容、标的的不同,分别采取不同的强制执行方式,并遵循不同的程序规定。

❷行政机关不得在夜间或者法定节假日实施行政强制执行。但是,情况紧急的除外。

❸行政机关不得对居民生活采取停止供水、供电、供热、供燃气等方式迫使当事人履行相关行政决定。

[法条链接]《行政强制法》第35~38、43条。

2. 金钱给付义务的强制执行

(1) 间接强制执行

❶加处罚款或者滞纳金的标准应当告知当事人;

❷加处罚款或者滞纳金的数额不得超出金钱给付义务的数额。

(2) 直接强制执行

❶行政机关实施加处罚款或者滞纳金超过30日,经催告当事人仍不履行的,具有行政强制执行权的行政机关可以强制执行,没有行政强制执行权的行政机关应当申请法院强制执行。

❷划拨存款、汇款应当由法律规定的行政机关决定,并书面通知金融机构。金融机构接到行政机关依法作出划拨存款、汇款的决定后,应当立即划拨。

❸依法拍卖财物,由有权的行政机关委托拍卖机构依照《拍卖法》的规定办理。

[一招制敌] 金钱给付义务的间接执行优先于直接执行,只有在滞纳金或执行罚难以实现金钱给付义务时,才能采取划拨和拍卖的执行方式。

[法条链接]《行政强制法》第45条,第46条第1、3款,第47条第1款,第48条。

3. 代履行

(1) 代履行的一般程序

❶代履行前送达决定书。代履行决定书应当载明当事人的姓名或者名称、地址,代履行的理由和依据、方式和时间、标的、费用预算以及代履行人。

❷催告履行。代履行3日前,催告当事人履行,当事人履行的,停止代履行。

❸代履行时,作出决定的行政机关应当派员到场监督。代履行完毕,行政机关到场监督的工作人员、代履行人和当事人或者见证人应当在执行文书上签名或者盖章。

(2) 立即代履行程序

❶需要立即清除道路、河道、航道或者公共场所的遗洒物、障碍物或者污染物,当事人不能清除的,行政机关可以决定立即实施代履行;

❷当事人不在场的,行政机关应当在事后立即通知当事人,并依法作出处理。

[一招制敌] 一般代履行应事前送达代履行决定书并催告,但立即代履行可事后通知当事人。

[法条链接]《行政强制法》第51条第1款、第52条。

（二）行政机关申请法院强制执行程序

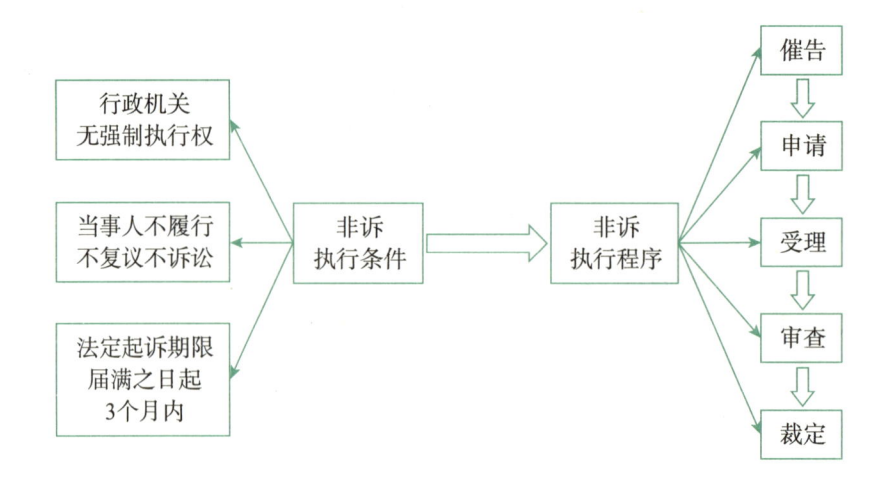

```
行政机关                                        催告
无强制执行权 ↘                                   ↓
              ↘                                 申请
当事人不履行  →  非诉    →    非诉              ↓
不复议不诉讼     执行条件      执行程序          受理
              ↗                                 ↓
法定起诉期限 ↗                                   审查
届满之日起                                      ↓
3个月内                                         裁定
```

行政机关申请法院强制执行是非诉行政案件执行，不同于行政诉讼裁判案件执行，前者简称"非诉执行"，后者简称"诉讼执行"。

1. 适用条件

（1）行政机关无强制执行权。法律明确授予行政机关自行强制执行权的，作出行政决定的行政机关不能申请法院强制执行。

（2）当事人不申请行政复议、不提起行政诉讼、不履行行政决定。

（3）申请期限为自被执行人的法定起诉期限届满之日起 3 个月内。

[提示] 公民、法人或者其他组织未按照行政协议约定履行义务，经催告后不履行，行政机关可以作出要求其履行行政协议的书面决定。仍不履行的，行政机关可以把书面决定作为执行对象，申请法院强制执行。

[法条链接]《行政强制法》第 53 条；《行诉解释》第 156 条；《行政协议案件规定》第 24 条第 1 款。

2. 行政机关提出申请

（1）催告

❶行政机关申请法院强制执行前，应当催告当事人履行义务；

❷催告书送达 10 日后当事人仍未履行义务的，行政机关可以申请法院强制执行。

（2）管辖法院

❶行政机关所在地的基层法院；

❷执行对象是不动产的，为不动产所在地的基层法院。

基层法院认为执行确有困难的，可以报请上级法院执行；上级法院可以决定由其执行，也可以决定由下级法院执行。

[法条链接]《行政强制法》第 54 条；《行诉解释》第 157 条。

3. 法院的受理

（1）法院接到行政机关强制执行的申请，应当在 5 日内受理；

（2）行政机关对法院不予受理的裁定有异议的，可以在 15 日内向上一级法院申请复议，上一级法院应当自收到复议申请之日起 15 日内作出是否受理的裁定。

[法条链接]《行政强制法》第 56 条。

4. 法院的审理裁定

（1）一般情况

❶ 书面审查，即通过审阅书面材料的方式进行审查；

❷ 审查期限为 7 日，即法院应当自受理之日起 7 日内作出执行裁定。

（2）特殊情况

行政决定的实施主体不具有行政主体资格，明显缺乏事实根据的，明显缺乏法律、法规依据的以及其他明显违法并损害被执行人合法权益的：

❶ 在作出裁定前可以听取被执行人和行政机关的意见；

❷ 审查期限为 30 日，即法院应当自受理之日起 30 日内作出是否执行的裁定。

[法条链接]《行政强制法》第 57 条，第 58 条第 1、2 款。

5. 执行费用

（1）行政机关申请法院强制执行，不缴纳申请费；

（2）强制执行的费用由被执行人承担。

[法条链接]《行政强制法》第 60 条第 1 款。

考点 6　行政公开的实施

命题角度分析

在案例分析题中主要考查行政机关依申请公开的程序规则，考查行政公开如何进行监督、对频繁申请信息公开和申请更正政府信息的行为如何进行处理。

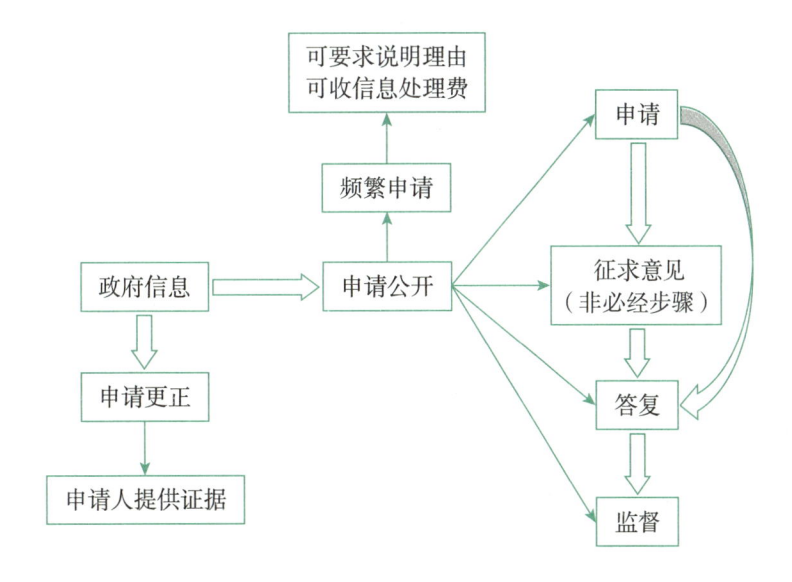

（一）申请

1. 申请要求

（1）政府信息公开申请采用包括信件、数据电文在内的书面形式；采用书面形式确有困难的，申请人可以口头提出。

（2）政府信息公开申请应当包括：①申请人的姓名或者名称、身份证明、联系方式；②申请公开的政府信息的名称、文号或者便于行政机关查询的其他特征性描述；③申请公开的政府信息的形式要求，包括获取信息的方式、途径。

注意：公民、法人或者其他组织申请获得政府信息的，应当提供身份证明。

2. 一次性告知补正

政府信息公开申请内容不明确的，行政机关应当给予指导和释明，并自收到申请之日起7个工作日内一次性告知申请人作出补正，说明需要补正的事项和合理的补正期限。

3. 收到申请时间的确定

行政机关收到政府信息公开申请时间有四种情况：

（1）申请人当面提交政府信息公开申请的，以提交之日为收到申请之日；

（2）申请人以需签收的邮寄方式提交政府信息公开申请的，以行政机关签收之日为收到申请之日；

（3）申请人以无需签收的邮寄方式提交政府信息公开申请的，以政府信息公开工作机构与申请人确认之日为收到申请之日；

（4）申请人通过互联网渠道或者政府信息公开工作机构的传真提交政府信息公开申请的，以双方确认之日为收到申请之日。

法条链接《政府信息公开条例》第29~31条。

（二）征求意见

依申请公开的政府信息公开会损害第三方合法权益的，行政机关应当书面征求第三方的意见。第三方应当自收到征求意见书之日起15个工作日内提出意见。第三方逾期未提出意见的，由行政机关依法决定是否公开。第三方不同意公开且有合理理由的，行政机关不予公开。行政机关认为不公开可能对公共利益造成重大影响的，可以决定予以公开，并将决定公开的政府信息内容和理由书面告知第三方。

法条链接《政府信息公开条例》第32条。

（三）答复

1. 答复种类

（1）所申请公开信息已经主动公开的，告知申请人获取该政府信息的方式、途径。

（2）所申请公开信息可以公开的，向申请人提供该政府信息，或者告知申请人获取该政府信息的方式、途径和时间。

（3）行政机关依据《政府信息公开条例》的规定决定不予公开的，告知申请人不予公开并说明理由。

（4）经检索没有所申请公开信息的，告知申请人该政府信息不存在。

（5）所申请公开信息不属于本行政机关负责公开的，告知申请人并说明理由；能够确定负责公开该政府信息的行政机关的，告知申请人该行政机关的名称、联系方式。

（6）行政机关已就申请人提出的政府信息公开申请作出答复、申请人重复申请公开相同政府信息的，告知申请人不予重复处理。

（7）所申请公开信息属于工商、不动产登记资料等信息，有关法律、行政法规对信息的获取有特别规定的，告知申请人依照有关法律、行政法规的规定办理。

⚠️注意：申请公开的信息中含有不应当公开或者不属于政府信息的内容，但是能够作区分处理的，行政机关应当向申请人提供可以公开的政府信息内容，并对不予公开的内容说明理由。

2. 答复期限

行政机关收到政府信息公开申请，能够当场答复的，应当当场予以答复；不能当场答复的，应当自收到申请之日起20个工作日内予以答复。

⚠️注意：需要延长答复期限的，应当经政府信息公开工作机构负责人同意并告知申请人，延长的期限最长不得超过20个工作日。

3. 答复形式

行政机关依申请公开政府信息，应当根据申请人的要求及行政机关保存政府信息的实际情况，确定提供政府信息的具体形式。

⚠️注意：按照申请人要求的形式提供政府信息，可能危及政府信息载体安全或者公开成本过高的，可以通过电子数据以及其他适当形式提供，或者安排申请人查阅、抄录相关政府信息。

[法条链接]《政府信息公开条例》第33条第1、2款，第36、37、40条。

（四）监督

政府信息公开工作主管部门对行政机关未按照要求开展政府信息公开工作的，予以督促整改或者通报批评；需要对负有责任的领导人员和直接责任人员追究责任的，依法向有权机关提出处理建议。

公民、法人或者其他组织认为行政机关未按照要求主动公开政府信息或者对政府信息公开申请不依法答复处理的，可以向政府信息公开工作主管部门提出。政府信息公开工作主管部门查证属实的，予以督促整改或者通报批评。

[法条链接]《政府信息公开条例》第47条。

（五）特殊申请处理

1. 频繁申请（申请公开政府信息的数量、频次明显超过合理范围）的处理

（1）行政机关可以要求申请人说明理由；

（2）行政机关认为申请理由不合理的，告知申请人不予处理；

（3）行政机关认为申请理由合理，但是无法在规定期限内答复申请人的，可以确定延

迟答复的合理期限并告知申请人；

（4）行政机关可以收取信息处理费。

一招制敌 行政机关依申请提供政府信息，不收取费用。但是，申请人申请公开政府信息的数量、频次明显超过合理范围的，行政机关可以收取信息处理费。

2. 申请更改政府信息的处理

（1）公民、法人或者其他组织有证据证明行政机关提供的与其自身相关的政府信息记录不准确的，可以要求行政机关更正。

（2）有权更正的行政机关审核属实的，应当予以更正并告知申请人；不属于本行政机关职能范围的，行政机关可以转送有权更正的行政机关处理并告知申请人，或者告知申请人向有权更正的行政机关提出。

法条链接 《政府信息公开条例》第35、41条，第42条第1款。

专题 3　具体行政行为的主体与行政救济的主体

具体行政行为的主体包括具体行政行为的相对人和利害关系人、作出具体行政行为的行政主体；而行政救济的主体包括行政复议中的申请人、被申请人、第三人，行政诉讼中的原告、被告、第三人，行政赔偿中的赔偿请求人、赔偿义务机关。具体行政行为的相对人和利害关系人是行政复议中的申请人和第三人、行政诉讼中的原告和第三人、行政赔偿中的赔偿请求人，而作出具体行政行为的行政主体则是行政复议中的被申请人、行政诉讼中的被告、行政赔偿中的赔偿义务机关。

考点 1　行政复议中的申请人与第三人

命题角度分析

在案例分析题中主要考查如何确定行政复议申请人和第三人，以及行政复议申请人和第三人在行政复议中的法律地位。

（一）行政复议申请人

案件类型	具体内容
合伙人案件	合伙企业申请行政复议的，应当以核准登记的企业为申请人。
	其他合伙组织申请行政复议的，由合伙人共同为申请人。
委托代理人	申请人可以委托 1~2 名代理人参加行政复议。
	申请人委托代理人的，应当向行政复议机构提交授权委托书。授权委托书应当载明委托事项、权限和期限。
	公民在特殊情况下无法书面委托的，可以口头委托。口头委托的，行政复议机构应当核实并记录在卷。
	申请人解除或者变更委托的，应当书面报告行政复议机构。
众多申请人的代表	同一行政复议案件申请人超过 5 人的，推选 1~5 名代表参加行政复议。
不具备法人资格的申请人代表	（1）由该组织的主要负责人代表该组织参加行政复议； （2）没有主要负责人的，由共同推选的其他成员代表该组织参加行政复议。
股份制企业的申请人代表	股份制企业的股东大会、股东代表大会、董事会可以以企业的名义申请行政复议。

续表

案件类型	具体内容
申请人资格转移	公民死亡引起的申请权转移，由其近亲属承受。
	法人或者其他组织终止引起的申请权转移，由承受其权利的法人或者其他组织申请。

一招制敌 掌握行政复议申请人代表的两个要点：①申请人超过5人；②1~5名代表。

法条链接《行政复议法》第10条第2款；《行政复议法实施条例》第6~8、10条。

（二）行政复议第三人

1. 行政复议期间，行政复议机构认为申请人以外的公民、法人或者其他组织与被审查的具体行政行为有利害关系的，可以通知其作为第三人参加行政复议。

2. 申请人以外的公民、法人或者其他组织与被审查的具体行政行为有利害关系的，可以向行政复议机构申请作为第三人参加行政复议。

3. 第三人可以委托1~2名代理人代为参加行政复议，委托的要求与申请人相同。

注意：在行政复议中，申请人、第三人可以委托代理人，被申请人不得委托代理人。

4. 第三人不参加行政复议，不影响行政复议案件的审理。

法条链接《行政复议法》第10条第5款；《行政复议法实施条例》第9、10条。

考点2 行政诉讼中的原告与第三人

命题角度分析

在案例分析题中主要考查行政诉讼原告资格的确定和转移，具体分析案例中的原告属于具有哪一种利害关系的行政诉讼原告，考查行政诉讼第三人资格的判断及其法律地位。

（一）行政诉讼原告

行政行为的相对人以及其他与行政行为有利害关系的公民、法人或者其他组织，有权提起行政诉讼。

1. 相邻权人的原告资格

相邻权，是指不动产的占有人在行使其物权时，对相邻的他人不动产所享有的特定支配权，主要包括截水、排水、通行、通风、采光等权利。被诉行政行为侵害其相邻权的，相邻权人有权提起行政诉讼。

2. 公平竞争权人的原告资格

公民、法人或者其他组织认为行政机关滥用行政权力排除或者限制竞争的，有权提起行政诉讼。

3. 受害人的原告资格

受害人，是指受到其他公民（加害人）违法行为侵害的人。受害人有权要求行政机关追究加害人责任，有权对行政机关的处理行为提起行政诉讼。

注意：①加害人或者受害人中起诉的一方是原告，没有起诉的一方是第三人；②加害人认为行政处罚过重而起诉，受害人认为处罚过轻同时起诉的，受害人和加害人都是原告，但不是共同原告。

4. 营利法人投资人和非营利法人出资人、设立人的原告资格

联营企业、中外合资企业、中外合作企业的联营、合资、合作各方，认为联营、合资、合作企业权益或者自己一方合法权益受到行政行为侵害的，有权以自己的名义提起行政诉讼。

事业单位、社会团体、基金会、社会服务机构等非营利法人的出资人、设立人认为行政行为损害法人合法权益的，有权以自己的名义提起诉讼。

5. 非国有企业的原告资格

非国有企业被行政机关分立、终止、兼并、改变隶属关系的，企业或者其法定代表人有权提起行政诉讼。

注意：非国有企业的法定代表人起诉时是以自己的名义，而不是以企业的名义，法定代表人具有原告资格。

6. 投诉举报人的原告资格

为维护自身合法权益向行政机关投诉，具有处理投诉职责的行政机关作出或者未作出处理的，公民、法人或者其他组织具有原告资格。

注意：并非为了维护自身合法权益或者与被投诉事项没有关联的"职业打假人"或"投诉专业户"，不具有原告资格。

7. 债权人的原告资格

债权人一般不具有行政诉讼原告资格，即债权人以行政机关对债务人所作的行政行为损害债权实现为由提起行政诉讼的，法院应当告知其就民事争议提起民事诉讼。若行政机关作出行政行为时依法应保护或者考虑债权人的债权，但是没有保护或者考虑，则债权人具有行政诉讼原告资格。

[例] 被保险人认为保险监管部门对保险公司的接管行为没有保护其合法权益的，有权提起行政诉讼。

8. 涉及业主共有利益行政案件的原告资格

行政机关作出涉及业主共有利益的行政行为，业主委员会具有原告资格。业主委员会不起诉的，专有部分占建筑物总面积过半数或者占总户数过半数的业主具有原告资格。

9. 个体工商户的原告资格

行政行为涉及个体工商户合法权益，个体工商户提起行政诉讼的，以营业执照上登记的经营者为原告。有字号的，以营业执照上登记的字号为原告，并应当注明该字号经营者的基本信息。

10. 原告资格的转移

（1）公民原告资格转移

❶ 有权提起诉讼的公民死亡；

❷ 其近亲属可以提起诉讼；

❸ 近亲属包括配偶、父母、子女、兄弟姐妹、祖父母、外祖父母、孙子女、外孙子女和其他具有扶养、赡养关系的亲属。

（2）法人或其他组织原告资格的转移

❶ 有权提起诉讼的法人或者其他组织终止；

❷ 承受其权利的法人或者其他组织可以起诉。

[法条链接]《行政诉讼法》第25条第1~3款；《行诉解释》第12、13条，第14条第1款，第15条第2款，第16条第2、3款，第17、18条。

[注意]：诉讼代表人的确定：①当事人一方为10人以上；②应当推选2~5名诉讼代表人参加诉讼；③当事人推选不出的，可由法院在起诉的当事人中指定代表人；④代表人的诉讼行为对其所代表的当事人发生效力，但代表人变更、放弃诉讼请求或者承认对方当事人的诉讼请求，应当经被代表的当事人同意。

[法条链接]《行政诉讼法》第28条；《行诉解释》第29条。

（二）行政诉讼第三人

1. 第三人与行政诉讼有利害关系，既包括与被诉行政行为有利害关系，也包括与诉讼结果有利害关系。

2. 第三人不是通过起诉参加到行政诉讼中，而是在原、被告提起的行政诉讼审理程序已经开始但尚未结束时，申请参加诉讼或者被法院通知参加诉讼。法院应当（而不是可以）通知第三人参加诉讼而不通知的，构成诉讼主体的遗漏。

3. 第三人有独立的诉讼地位，既不依附原告也不依附被告，可以提出自己的请求。法院判决第三人承担义务或者减损第三人权益的，第三人有权依法提起上诉或者申请再审。

第三人因不能归责于本人的事由未参加诉讼，但有证据证明发生法律效力的判决、裁定、调解书损害其合法权益的，可以自知道或者应当知道其合法权益受到损害之日起6个月内，向上一级法院申请再审。

[例1] 行政处罚案件中，加害人不服处罚提起诉讼的，受害人可以作为第三人参加诉讼；受害人不服处罚提起诉讼的，加害人也可以作为第三人参加诉讼。

[例2] 行政确权、行政裁决和行政许可案件中的当事人或利害关系人向法院起诉行政确权、行政裁决和行政许可行为的，行政确权、行政裁决和行政许可案件中的其他当事人或利害关系人可以作为第三人参加诉讼。

[注意]：经复议维持的案件，原行为机关和复议机关为共同被告。原告只起诉原行为机关或者复议机关的，法院应当告知原告追加被告。原告不同意追加的，法院应当将另一机关列为共同被告。

[法条链接]《行政诉讼法》第29条；《行诉解释》第30条、第134条第1款。

考点 3 ▶ 行政赔偿中的赔偿请求人

命题角度分析

在案例分析题中主要考查行政赔偿请求人资格的转移。

1. 公民

(1) 受害的公民本人有权要求赔偿。

(2) 受害公民死亡的,其继承人和其他有扶养关系的亲属有权要求赔偿。

注意:受害的公民死亡,支付受害公民医疗费、丧葬费等合理费用的人也可以成为行政赔偿请求人。

2. 法人或其他组织

(1) 受害的法人或其他组织有权要求赔偿;

(2) 受害的法人或其他组织终止的,承受其权利的法人或其他组织有权要求赔偿。

考点 4 ▶ 具体行政行为的作出主体

命题角度分析

在案例分析题中主要考查行政处罚、行政许可、行政强制措施、行政强制执行、行政公开的实施主体,要求考生分析对实施行政处罚、行政许可、行政强制措施、行政强制执行、行政公开的行政机关的具体要求,以及授权行政和委托行政中对实施主体的具体要求。

(一) 行政处罚的实施主体

1. 行政机关

行政处罚由具有行政处罚权的行政机关在法定职权范围内实施。为了提高管理效率,防止多头执法、分散执法,行政处罚权相对集中行使,但应具备两个条件:①由国务院或者省、自治区、直辖市人民政府决定;②限制人身自由的行政处罚权不得集中行使。

[提示] 限制人身自由的行政处罚权只能由公安机关和法律规定的机关行使。

[法条链接]《行政处罚法》第 17、18 条。

2. 非行政机关

(1) 行政处罚的授权实施:授权的依据是法律、法规;授权的对象是具有管理公共事务职能的组织,既包括事业组织,也包括企业组织。

(2) 行政处罚的委托实施:行政机关委托实施行政处罚的委托行为须有法律、法规、规章作为依据;受委托的对象是具有管理公共事务职能的组织。

注意:治安管理处罚由县级以上政府公安机关决定;其中,警告和 500 元以下罚款可以由派出所决定。

[法条链接]《行政处罚法》第 19~21 条。

（二）行政许可的实施主体

1. 行政机关

行政许可由具有行政许可权的行政机关在其法定职权范围内实施。

（1）一个窗口对外。行政许可需要行政机关内设的多个机构办理的，该行政机关应当确定一个机构统一受理行政许可申请，统一送达行政许可决定。

（2）统一办、联合办、集中办。行政许可依法由地方人民政府 2 个以上部门分别实施的，本级人民政府可以确定一个部门受理行政许可申请并转告有关部门分别提出意见后统一办理，或者组织有关部门联合办理、集中办理。

（3）相对集中行使行政许可权。经国务院批准，省、自治区、直辖市人民政府根据精简、统一、效能的原则，可以决定一个行政机关行使有关行政机关的行政许可权。

[法条链接]《行政许可法》第 22、25、26 条。

2. 被授权的组织

被授权的组织实施行政许可的两点要求：

（1）授权的依据是法律、法规；

（2）被授权的组织应当是具有管理公共事务职能的组织。

[法条链接]《行政许可法》第 23 条。

3. 受委托的机关

受委托的机关实施行政许可的三点要求：

（1）行政机关在其法定职权范围内，依照法律、法规、规章的规定，委托其他行政机关；

（2）委托机关应当将受委托行政机关和受委托实施行政许可的内容予以公告；

（3）受委托行政机关不得再委托其他组织或者个人实施行政许可。

[法条链接]《行政许可法》第 24 条第 1、3 款。

（三）行政强制措施的实施主体

1. 行政机关

行政强制措施由法律、法规规定的行政机关在法定职权范围内实施。

2. 被授权组织

法律、行政法规授权的具有管理公共事务职能的组织在法定授权范围内，以自己的名义实施行政强制措施。

3. 行政强制措施不得委托实施。

[注意]：与行政处罚和行政许可不同，行政强制措施不得委托实施。

[法条链接]《行政强制法》第 17 条第 1 款、第 70 条。

[一招制敌]行政强制措施、行政处罚和行政许可的授权与委托实施主体的比较：

（1）行政处罚和行政许可的授权实施主体都是法律、法规授权的具有管理公共事务职能的组织，行政强制措施的授权实施主体是法律、行政法规授权的具有管理公共事务职能的组织；

(2) 行政处罚可委托具有管理公共事务职能的组织实施，行政许可可委托其他行政机关实施，行政强制措施不得委托实施。

（四）行政强制执行的实施主体

行政机关强制执行，包括行政机关强制执行和行政机关申请法院强制执行。法律没有规定行政机关强制执行的，作出行政决定的行政机关应当申请法院强制执行。

1. 行政机关对违法建筑物、构筑物、设施等进行强制拆除的条件

(1) 在程序上，行政机关应予以公告，限期当事人自行拆除；

(2) 当事人在法定期限内不申请行政复议或者提起行政诉讼，又不拆除。

2. 符合特定条件时对罚款的直接强制执行。对行政机关依法作出金钱给付义务的行政决定，当事人逾期不履行，且在法定期限内不申请行政复议或者提起行政诉讼，经催告仍不履行的，在实施行政管理过程中已经采取查封、扣押措施的行政机关，可以将查封、扣押的财物依法拍卖抵缴罚款。

[法条链接]《行政强制法》第44条、第46条第3款。

3. 罚款的间接强制执行。当事人到期不缴纳罚款的，作出行政处罚决定的行政机关可以每日按罚款数额的3%加处罚款，加处罚款的数额不得超出罚款的数额。

[法条链接]《行政处罚法》第72条第1款。

（五）行政公开的义务主体

政府信息公开的主体是根据政府信息的来源来确定的。

1. 行政机关制作的政府信息，由制作该政府信息的行政机关负责公开。

注意：2个以上行政机关共同制作的政府信息，由牵头制作的行政机关负责公开。

2. 行政机关获取的政府信息有两类公开主体：

(1) 行政机关从公民、法人和其他组织获取的政府信息，由保存该政府信息的行政机关负责公开；

(2) 行政机关获取的其他行政机关的政府信息，由制作或者最初获取该政府信息的行政机关负责公开。

[提示] 行政机关设立的派出机构、内设机构依照法律、法规对外以自己名义履行行政管理职能的，可以由该派出机构、内设机构负责与所履行行政管理职能有关的政府信息公开工作。

[法条链接]《政府信息公开条例》第10条。

考点5 行政复议中的被申请人

命题角度分析

在案例分析题中主要考查行政复议被申请人的确定和资格转移。

原则上，作出具体行政行为的行政机关为行政复议的被申请人，但特殊情况有：

案件情形	被申请人
授权行政案件	被授权组织为被申请人。
委托行政案件	委托机关为被申请人。
不作为案件	有作为义务的机关为被申请人。
经上级行政机关批准的案件	上级行政机关为被申请人。
共同作出具体行政行为的案件	（1）若干行政机关共同作出具体行政行为的，共同作出具体行政行为的行政机关为共同被申请人； （2）行政机关与法律、法规授权的组织共同作出具体行政行为的，行政机关和法律、法规授权的组织为共同被申请人； （3）行政机关与其他组织共同作出具体行政行为的，行政机关为被申请人。
行政机关设立的派出机构、内设机构或者其他组织的案件	经法律、法规授权，对外以自己名义作出具体行政行为的，派出机构、内设机构或者其他组织为被申请人。 未经法律、法规授权，对外以自己名义作出具体行政行为的，该行政机关为被申请人。
行政机关被撤销或职权变更的案件	继续行使其职权的行政机关为被申请人。

法条链接《行政复议法》第10条第4款；《行政复议法实施条例》第11~14、22条。

考点6 行政诉讼中的被告

命题角度分析

在案例分析题中主要考查行政诉讼被告的确定和资格转移，考生要能够区分授权行政与委托行政案件的被告、上级机关与下级机关案件的被告、行政机关与行政机构案件的被告、不同开发区行政案件的被告、政府与其职能部门案件的被告，并掌握行政机关负责人出庭应诉的程序要求。

（一）一般情况下的被告

原则上，作出行政行为的行政机关是被告。特殊情形有：

1. 授权行政与委托行政中的被告

在授权行政中，被授权组织是被告；在委托行政中，委托的行政机关是被告。

（1）授权行政

❶当事人对村民委员会或者居民委员会依据法律、法规、规章的授权履行行政管理职责的行为不服提起诉讼的，以村民委员会或者居民委员会为被告；

❷当事人对高等学校等事业单位以及律师协会、注册会计师协会等行业协会依据法律、法规、规章的授权实施的行政行为不服提起诉讼的，以该事业单位、行业协会为被告。

（2）委托行政

❶当事人对村民委员会、居民委员会受行政机关委托作出的行为不服提起诉讼的，以委托的行政机关为被告；

❷当事人对高等学校等事业单位以及律师协会、注册会计师协会等行业协会受行政机关委托作出的行为不服提起诉讼的，以委托的行政机关为被告。

[一招制敌]"授权"只有法律授权、法规授权、规章授权三种形式，规章以下的规范性文件"授权"都视为委托。

2. 经上级机关批准而作出行政行为的被告

具体行政行为的作出或者生效需要经上级行政机关批准的行政诉讼案件，以在生效行政处理决定书上署名的机关为被告。

[一招制敌]经上级机关批准而作出行政行为的案件中，行政诉讼被告与行政复议被申请人的不同：行政诉讼中，以署名机关为被告；行政复议中，以上级行政机关（即批准机关）为被申请人。

[法条链接]《行政诉讼法》第26条第1、5款；《行诉解释》第19、24、25条。

（二）行政机构案件的被告

有无授权	名义	是否越权	被告
无	行政机构	—	所属行政机关
有		没有超出授权范围	行政机构
		超出授权范围	

[例1] 公安局的内设机构——治安科没有罚款授权，其实施治安罚款，被告是公安局。

[例2] 公安局的派出机构——派出所有500元以下罚款的授权，其在授权范围内作出行政行为（罚款200元）的，被告是派出所；超出授权范围作出行政行为（罚款1000元）的，被告是派出所。

[法条链接]《行诉解释》第20条第1、2款。

（三）开发区案件的被告

开发区种类		作出行政行为的主体	被告
开发区管理机构有行政主体资格	由国务院、省级政府批准设立的开发区	开发区管理机构	开发区管理机构
		开发区管理机构所属职能部门	开发区管理机构所属职能部门
	其他开发区	开发区管理机构	开发区管理机构
		开发区管理机构所属职能部门	
开发区管理机构没有行政主体资格		开发区管理机构	设立开发区管理机构的地方政府
		开发区管理机构所属职能部门	

[法条链接]《行诉解释》第 21 条。

（四）行政许可案件的被告

案件情形		被告
下级行政机关作出行政许可 （须经上级行政机关批准）	对行政许可决定不服	下级行政机关
	对批准或者 不批准行为不服	下级行政机关与 上级行政机关为共同被告
上级行政机关作出行政许可 （须经下级行政机关初步审查并上报）	对不予初步审查 或者不予上报不服	下级行政机关
多个行政机关统一办理行政许可		对当事人作出具有实质影响 的不利行为的机关

[法条链接]《行政许可案件规定》第 4、5 条。

（五）政府信息公开案件的被告

案件情形		被告
依申请公开政府信息 行政行为	作出答复	作出答复的机关
	逾期未作出答复	受理申请的机关
主动公开政府信息行政行为		公开该政府信息的机关
政府信息公开与否的答复依法报经有权机关批准		在对外发生法律效力 的文书上署名的机关
政府信息是否可以公开由国家保密行政管理部门或者 省、自治区、直辖市保密行政管理部门确定		
行政机关在公开政府信息前与有关行政机关进行沟通、确认		

[法条链接]《政府信息公开案件规定》第 4 条第 1、2、4 款。

（六）县级以上地方政府与其职能部门案件的被告 [2023 年新增]

实施行为	起诉	被告
法律、法规、规章规定属于县级以上地方政府职能部门的行政职权，县级以上地方政府通过听取报告、召开会议、组织研究、下发文件等方式进行指导	县级以上地方政府的指导行为	以具体实施行政行为的职能部门为被告
县级以上地方政府根据《城乡规划法》的规定，责成有关职能部门对违法建筑实施强制拆除	强制拆除行为	有强制拆除决定书的，以作出强制拆除决定的行政机关为被告
		没有强制拆除决定书的，以具体实施强制拆除行为的职能部门为被告

续表

实施行为	起诉	被告
有证据证明系县级以上地方政府具体实施的集体土地征收中强制拆除房屋等行为	强制拆除房屋等行为	以县级以上地方政府为被告
没有证据证明系县级以上地方政府具体实施的集体土地征收中强制拆除房屋等行为		有强制拆除决定书的,以作出强制拆除决定的行政机关为被告
		没有强制拆除决定书的,以具体实施强制拆除等行为的行政机关为被告
县级以上地方政府已经作出对国有土地上房屋的征收与补偿决定	具体实施房屋征收与补偿工作中的强制拆除房屋等行为	有强制拆除决定书的,以作出强制拆除决定的行政机关为被告
		没有强制拆除决定书的,以县级以上地方政府确定的房屋征收部门为被告
公民、法人或者其他组织向县级以上地方政府申请履行法定职责或者给付义务,法律、法规、规章规定该职责或者义务属于下级政府或者相应职能部门的行政职权,县级以上地方政府已经转送下级政府或者相应职能部门处理并告知申请人	要求履行法定职责或者给付义务	以下级政府或者相应职能部门为被告
县级以上地方政府确定的不动产登记机构或者其他实际履行该职责的职能部门按照《不动产登记暂行条例》的规定办理不动产登记	不动产登记	以不动产登记机构或者实际履行该职责的职能部门为被告
《不动产登记暂行条例》实施之前由县级以上地方政府作出的不动产登记行为		以继续行使其职权的不动产登记机构或者实际履行该职责的职能部门为被告
县级以上地方政府根据《政府信息公开条例》的规定,指定具体机构负责政府信息公开的日常工作,该指定机构以自己的名义所作的政府信息公开行为	政府信息公开行为	以该指定机构为被告

[法条链接]《最高人民法院关于正确确定县级以上地方人民政府行政诉讼被告资格若干问题的规定》第1~6条。

(七)行政诉讼被告资格的转移

作出具体行政行为的行政机关被撤销的:

1. 继续行使其职权的行政机关是行政诉讼的被告。
2. 没有继续行使其职权的行政机关的,以其所属的人民政府为被告;实行垂直领导的,以垂直领导的上一级行政机关为被告。

[法条链接]《行政诉讼法》第26条第6款;《行诉解释》第23条。

（八）行政机关负责人出庭应诉

1. "民告官要见官"

被诉行政机关负责人应当出庭而不能出庭的，应当委托行政机关相应的工作人员出庭，不得仅委托律师出庭。

2. "官出庭要出声"

行政机关负责人或者行政机关委托的相应工作人员在庭审过程中应当就案件情况进行陈述、答辩、提交证据、辩论、发表最后意见，对所依据的规范性文件进行解释说明。行政机关负责人出庭应诉的，应当就实质性解决行政争议发表意见。

[法条链接]《行政诉讼法》第3条第3款；《行诉解释》第128条第2款；《最高人民法院关于行政机关负责人出庭应诉若干问题的规定》第11条第2、3款。

考点7 行政赔偿中的赔偿义务机关

命题角度分析

在案例分析题中主要考查行政赔偿义务机关的确定和资格转移，特别是在共同实施侵权行为中行政赔偿义务机关的确定以及非诉执行案件中赔偿义务机关的确定。

具体情形	赔偿义务机关
行政机关及其工作人员实施侵权行为（包括派出机关）	行政机关赔偿
2个以上行政机关共同实施侵权行为	共同赔偿义务机关赔偿（连带赔偿责任）
2个以上行政机关分别实施侵权行为	分别实施的每个侵权行为都足以造成全部损害的，共同赔偿义务机关赔偿（连带赔偿责任）
	分别实施侵权行为造成同一损害的，行政机关各自赔偿（按份赔偿责任）
法律、法规授权的组织实施侵权行为	被授权的组织赔偿
受委托的组织或个人实施侵权行为	委托的机关赔偿
申请法院强制执行其行政行为造成损害	申请机关赔偿（申请强制执行的行政行为违法）
赔偿义务机关被撤销	继续行使其职权的行政机关赔偿
	作出撤销决定的机关赔偿（无继受机关）

专题 4　行政救济的管辖

行政救济的管辖包括行政复议的管辖与行政诉讼的管辖。如何在行政复议中确定行政复议机关？如何在行政诉讼中确定管辖法院？

考点 1　行政复议机关

命题角度分析

在案例分析题中主要考查行政复议机关的确定，特别是考查垂直复议、自我复议以及派出机构作为被申请人时行政复议机关的确定。

原则上，行政复议机关就是被申请人的上一级行政机关。但有下列特殊情况：

1. 对海关、金融、国税、外汇管理等实行垂直领导的行政机关和国家安全机关的具体行政行为申请行政复议，上一级主管部门是行政复议机关。

注意：申请人对经国务院批准实行省以下垂直领导的部门作出的具体行政行为不服的，可以选择向该部门的本级人民政府或者上一级主管部门申请行政复议；省、自治区、直辖市另有规定的除外。

2. 国务院部门或者省、自治区、直辖市人民政府作为被申请人的，行政复议机关是作出该具体行政行为的国务院部门或者省、自治区、直辖市人民政府。

注意：申请人对 2 个以上国务院部门共同作出的具体行政行为不服的，可以向其中任何一个国务院部门提出行政复议申请，由作出具体行政行为的国务院部门共同作出行政复议决定。

3. 对政府工作部门依法设立的派出机构依照法律、法规或者规章规定，以自己的名义作出的具体行政行为不服的，向设立该派出机构的部门或者该部门的本级地方人民政府申请行政复议。

［例］公安派出所以自己的名义作出具体行政行为时，公安派出所作为被申请人，行政复议机关是县公安局和县政府；县公安局以自己的名义作出具体行政行为时，县公安局作为被申请人，行政复议机关是县政府和市公安局。

4. 对被撤销的行政机关在被撤销前所作出的具体行政行为不服的，向继续行使其职权的行政机关的上一级行政机关申请行政复议。

一招制敌　被申请人被撤销的，继续行使职权的机关为被申请人，继续行使职权的机关的上一级机关为行政复议机关。

法条链接　《行政复议法》第 12 条第 2 款、第 14 条、第 15 条第 1 款；《行政复议法实施条例》第 23、24 条。

考点 2 行政诉讼的级别管辖

命题角度分析

在案例分析题中主要考查中级法院管辖第一审行政案件的情形，确定基层法院和中级法院管辖行政案件的分工。

（一）基层法院的管辖

原则上，第一审行政案件由基层法院管辖。

（二）中级法院的管辖

中级法院管辖的第一审行政案件有以下类型：

1. 被告级别高的案件

（1）县级以上地方政府作为被告的行政案件

对县级以上地方政府所作的行政行为提起诉讼的案件由中级法院管辖。若是县级以上地方政府的工作部门作为被告的案件，则仍然是由基层法院管辖。例如，省公安厅作为被告的案件，由基层法院管辖。

（2）国务院部门作为被告的行政案件

对国务院部门所作的行政行为提起诉讼的案件由中级法院管辖。国务院部门包括国务院组成部门、国务院直属机构、国务院组成部门管理的国家行政机构、被授权的国务院直属事业单位。

2. 被告特定化的案件

（1）海关处理的案件，主要是海关处理的纳税案件和海关办理的行政处罚案件，由中级法院管辖。

（2）专利行政案件和商标评审案件

根据《全国人民代表大会常务委员会关于在北京、上海、广州设立知识产权法院的决定》的规定，知识产权法院管辖有关专利、植物新品种、集成电路布图设计、技术秘密等专业技术性较强的第一审知识产权行政案件。不服国务院行政部门裁定或者决定而提起的第一审知识产权授权确权行政案件，由北京知识产权法院管辖。知识产权法院属于中级法院。

3. 本辖区内重大、复杂的案件

（1）社会影响重大的共同诉讼案件，第一审由中级法院管辖。这类诉讼主要是群体性的农村土地承包案件、土地征用案件、城市规划拆迁案件。

（2）涉外或者涉港、澳、台的案件

❶ 涉外行政案件由中级法院管辖；

❷ 涉及港、澳、台的行政案件由中级法院管辖。

[法条链接]《行政诉讼法》第14~17条；《行诉解释》第5条。

考点3 ▶▶ 行政诉讼的地域管辖

[命题角度分析]
在案例分析题中主要考查行政诉讼中被告所在地法院管辖的原则，原告所在地法院管辖、不动产所在地法院专属管辖的适用情形。

（一）一般地域管辖

行政案件由最初作出行政行为的行政机关所在地法院管辖，即"原告就被告"原则。

（二）特殊地域管辖

1. 人身自由案件

对限制人身自由的行政强制措施不服提起的诉讼，由被告所在地或者原告所在地法院管辖。

[注意]：限制人身自由的行政处罚案件不适用原告所在地法院管辖。

[一招制敌] 原告所在地包括原告的户籍所在地、经常居住地和被限制人身自由地：①经常居住地，是指公民离开住所地连续居住1年以上的地方，但公民住院就医的地方除外；②被限制人身自由地，是指公民被羁押、限制人身自由的场所所在地。

2. 不动产案件

不动产行政案件由不动产所在地法院专属管辖。

[注意]：不动产已登记的，以不动产登记簿记载的所在地为不动产所在地；不动产未登记的，以不动产实际所在地为不动产所在地。

[一招制敌] 不动产案件，是指因行政行为导致不动产物权变动的行政案件。

（三）跨行政区域管辖

跨行政区域管辖的目的是防止行政干预，打破地方保护。

1. 跨行政区域管辖，既包括基层法院跨行政区域管辖，也包括中级法院跨行政区域管辖，还包括铁路运输法院等专门法院跨行政区域管辖。

2. 高级法院根据审判工作的实际情况来确定跨行政区域管辖。

3. 跨行政区域管辖要经最高法院批准。

[法条链接]《行政诉讼法》第18~20条；《行诉解释》第8条第1款、第9条。

专题 5　行政救济的程序

行政救济的程序包括行政复议程序、行政诉讼程序与行政赔偿程序。

考点 1　行政复议程序

命题角度分析

> 在案例分析题中主要考查行政复议申请的期限和形式、行政复议受理的条件、行政复议期间具体行政行为停止执行的情形、行政复议申请的撤回、被申请人改变具体行政行为的程序处理、行政复议调解的程序规则、行政复议决定的期限和执行。

（一）行政复议的申请

1. 申请时间

（1）申请期限。《行政复议法》规定，公民、法人或者其他组织可以自知道具体行政行为之日起 60 日内申请行政复议；法律规定的申请期限超过 60 日的除外。

（2）申请期限的起算。申请期限应当从申请人知道该具体行政行为之日起计算。

一招制敌 行政复议申请期限为 60 日。其他法律规定的行政复议申请期限超过 60 日的，申请人按照其他法律规定的期限申请行政复议；其他法律规定的行政复议申请期限少于 60 日的，申请人按照 60 日的期限申请行政复议。

法条链接《行政复议法》第 9 条第 1 款。

2. 申请形式

行政复议申请既可以是书面形式，也可以是口头形式。

法条链接《行政复议法》第 11 条。

（二）行政复议的受理

1. 受理的期限

行政复议机关应当在收到行政复议申请后的 5 日内，对申请进行审查并作出有关受理的决定。

法条链接《行政复议法》第 17 条第 1 款。

2. 对复议申请的处理

（1）对不符合法律规定的行政复议申请，决定不予受理，并书面告知申请人；

（2）对符合法律规定，但是不属于本机关受理的行政复议申请，应当告知申请人向有关行政复议机关提出；

（3）行政复议申请材料不齐全或者表述不清楚的，行政复议机构可以自收到该行政复议申请之日起 5 日内书面通知申请人补正；

（4）符合行政复议受理条件的，行政复议申请自行政复议机关负责法制工作的机构收到之日起即为受理。

注意：行政复议机关受理行政复议申请，不得向申请人收取任何费用。

一招制敌 行政复议机关无正当理由不予受理复议申请的处理：①上级行政机关可以先行督促其受理；经督促仍不受理的，应当责令其限期受理。②必要时，也可以由上级行政机关直接受理。

法条链接《行政复议法》第 17、39 条；《行政复议法实施条例》第 29、31 条。

（三）行政复议的审理

1. 行政复议期间具体行政行为的执行

原　　则	具体行政行为不停止执行。
例　　外 （停止执行）	（1）被申请人认为需要停止执行的； （2）行政复议机关认为需要停止执行的；（依职权） （3）申请人申请停止执行，行政复议机关认为其要求合理，决定停止执行的；（依申请） （4）法律规定停止执行的。

法条链接《行政复议法》第 21 条。

2. 审查方式

（1）应当由 2 名以上行政复议人员参加；

（2）原则上采取书面审查的办法，即行政复议机关根据书面材料查清案件事实并作出行政复议决定；

（3）采用听证方式的条件：对重大、复杂的案件，申请人提出要求或者行政复议机构认为必要时，可以采取听证的方式审理。

法条链接《行政复议法》第 22 条；《行政复议法实施条例》第 32、33 条。

3. 复议申请撤回

（1）撤回的条件：①申请人提出撤回行政复议的申请并说明理由；②撤回必须出自申请人的真实意愿。

注意：若发现撤回行政复议申请有强迫、动员等违背申请人真实意愿的情形，则行政复议机关可以不准许撤回申请。

（2）撤回的时间：行政复议申请被受理以后、行政复议决定作出以前。

（3）撤回的效果

❶终止正在进行的行政复议，行政复议机关可以采用制作裁决书或者记录在案的方法，予以同意并终结行政复议；

❷申请人撤回行政复议申请的，不得再以同一事实和理由提出行政复议申请，但申请人能够证明撤回行政复议申请违背其真实意思表示的除外；

❸只要不属于复议前置的案件，在法定起诉期限内仍可对原具体行政行为提起行政诉讼。

[一招制敌]撤回行政复议申请与提起行政诉讼的关系有两种情况：①复议前置的案件，撤回行政复议申请就不得提起诉讼；②复议、诉讼自由选择案件，撤回行政复议申请不影响提起诉讼。

[法条链接]《行政复议法》第25条；《行政复议法实施条例》第38条。

4. 被申请人改变具体行政行为

为促使行政争议的尽快解决，在行政复议期间，被申请人可以改变原具体行政行为。

（1）申请人不提出撤回复议申请或者虽提出申请，但未获得准许的，不影响行政复议案件的审理，行政复议机关应当继续就原具体行政行为进行审查并作出决定；

（2）申请人接受改变原具体行政行为的后果，撤回行政复议申请并获得行政复议机构的同意的，行政复议程序结束；

（3）申请人对行政拘留或者限制人身自由的行政强制措施不服，申请行政复议后，因申请人同一违法行为涉嫌犯罪，该行政拘留或者限制人身自由的行政强制措施变更为刑事拘留的，行政复议终止。

[提示]

（1）行政复议中止，是指在行政复议过程中，因发生特殊情况而中途停止复议程序的一种法律制度，具有暂时性；

（2）行政复议终止，是指在行政复议过程中，因发生特殊情况而结束正在进行的复议程序的一种法律制度，具有终结性。

[法条链接]《行政复议法实施条例》第39条、第42条第1款。

5. 行政复议的调解

条　件	（1）时间点：复议决定作出前； （2）自愿，即是否接受调解、是否达成调解协议以及协议内容是否均出自申请人和被申请人的真实意思表示； （3）合法，即调解协议不损害公共利益和他人合法权益； （4）调解案件类型限于行政裁量案件、行政赔偿案件、行政补偿案件。
手　续	当事人经调解达成协议的，行政复议机关应制作行政复议调解书，经双方当事人签字，行政复议调解书与行政复议决定书具有同等效力。

[一招制敌]行政复议中羁束行政案件不得调解，裁量行政案件可以调解。

[法条链接]《行政复议法实施条例》第50条第1、2款。

（四）行政复议的决定

行政复议机关应当自受理申请之日起60日内作出行政复议决定，但法律规定的行政复议期限少于60日的除外。情况复杂，需要延长期限的，经行政复议机关的负责人批准，并告知申请人和被申请人，最多可延长30日。

一招制敌 行政复议的申请期限和审查期限的比较：

（1）申请期限为知道具体行政行为之日起 60 日内，法律规定超过 60 日的除外；

（2）审查期限为受理行政复议申请之日起 60 日内，法律规定少于 60 日的除外。

法条链接《行政复议法》第 31 条第 1 款。

（五）行政复议的执行

1. 被申请人不履行或者无正当理由拖延履行行政复议决定的执行

（1）执行主体是行政复议机关或者有关上级行政机关；

（2）执行措施是责令被申请人限期履行。

法条链接《行政复议法》第 32 条第 2 款。

2. 申请人不履行行政复议决定的执行

（1）维持具体行政行为的行政复议决定，由作出具体行政行为的行政机关依法强制执行，或者申请法院强制执行；

（2）变更具体行政行为的行政复议决定，由行政复议机关依法强制执行，或者申请法院强制执行。

法条链接《行政复议法》第 33 条。

考点 2 行政诉讼程序

命题角度分析

在案例分析题中主要考查行政诉讼的起诉期限、登记立案的程序规则、第一审程序中的普通程序和简易程序、第二审程序、行政诉讼期间行政行为停止执行的适用情形、撤诉的程序规则、被告缺席的程序规则、先予执行的程序规则、被告改变行政行为的程序规则、行政诉讼的调解程序、行政诉讼裁判执行程序、行政公益诉讼程序、行政附带民事诉讼程序。

（一）起诉

1. 起诉期限

（1）公民、法人或者其他组织直接向法院提起诉讼的，应当自知道或者应当知道作出行政行为之日起 6 个月内提出。法律另有规定的除外。

注意：行政起诉期限和行政复议申请期限的除外规定：行政起诉期限是其他法律另有规定的除外，行政复议申请期限是其他法律规定的申请期限超过 60 日的除外。

法条链接《行政诉讼法》第 46 条第 1 款。

（2）不作为（行政机关不履行法定职责时）案件的起诉期限

❶公民、法人或者其他组织申请行政机关履行保护其人身权、财产权等合法权益的法定职责，行政机关在接到申请之日起 2 个月内不履行的，公民、法人或者其他组织可以向法院提起诉讼。法律、法规对行政机关履行职责的期限另有规定的，从其规定。

❷公民、法人或者其他组织在紧急情况下请求行政机关履行保护其人身权、财产权等合法权益的法定职责，行政机关不履行的，提起诉讼不受上述履行职责期限的限制。

❸公民、法人或其他组织对行政机关不履行法定职责提起诉讼的，应当在行政机关履行法定职责期限届满之日起 6 个月内提出。

[法条链接]《行政诉讼法》第 47 条；《行诉解释》第 66 条。

2. 起诉方式

公民、法人或者其他组织起诉时：①原则上应采用书面方式，应当向法院递交起诉状，并按照被告人数提出副本；②书写起诉状确有困难的，可以口头起诉，由法院记入笔录，出具注明日期的书面凭证，并告知对方当事人。

[法条链接]《行政诉讼法》第 50 条。

（二）登记立案

法院审查	审查对象	是否符合起诉条件以及起诉状内容和材料是否完备。	
	当场能判断是否符合起诉条件的	符合起诉条件	应当当场登记立案。
		不符合起诉条件	（1）作出不予立案的裁定。裁定书应当载明不予立案的理由。（2）原告对裁定不服的，可以提起上诉。
	当场不能判定是否符合起诉条件的	应当接收起诉状，出具注明收到日期的书面凭证，并在 7 日内决定是否立案；7 日内仍不能作出判断的，应当先予立案。	
	起诉状内容或者材料欠缺的	（1）法院应当给予指导和释明，并一次性全面告知当事人需要补正的内容、补充的材料及期限。（2）不得未经指导和释明即以起诉不符合条件为由不接收起诉状。（3）当事人在指定期限内补正并符合起诉条件的，应当登记立案。（4）当事人拒绝补正或者经补正仍不符合起诉条件的，退回起诉状并记录在册；坚持起诉的，裁定不予立案，并载明不予立案的理由。	
救济	不接收起诉状、不出具书面凭证、不一次性告知需补正的内容的	当事人可以向上级法院投诉，上级法院应当责令改正，并直接负责的主管人员和其他直接责任人员依法给予处分。	
	既不立案，又不作出不予立案裁定的	当事人可以向上一级法院起诉。上一级法院认为符合起诉条件的，应当立案、审理，也可以指定其他下级法院立案、审理。	

[法条链接]《行政诉讼法》第 51、52 条；《行诉解释》第 53 条第 2 款、第 55 条。

（三）第一审程序之普通程序

行政诉讼第一审的普通程序与民事诉讼基本相同，重点掌握以下内容：

1. 组成合议庭：①由审判员或审判员、陪审员组成合议庭；②合议庭成员应是 3 人以上的单数。

2. 交换诉状：①法院应在立案之日起 5 日内，将起诉状副本发送被告，通知被告应诉；②被告应当在收到起诉状副本之日起 15 日内提交答辩状；③法院应在收到被告答辩状之日起 5 日内，将答辩状副本发送原告。

3. 审理方式：①以公开审理为原则，但涉及国家秘密、个人隐私和法律另有规定的除外；②涉及商业秘密的案件，当事人申请不公开审理的，可以不公开审理；③法院审理政府信息公开行政案件，应当视情形采取适当的审理方式，以避免泄露涉及国家秘密、商业秘密、个人隐私或者法律规定的其他应当保密的政府信息。

4. 审理期限

法院应当在立案之日起 6 个月内作出第一审判决。有特殊情况需要延长的，由高级法院批准，高级法院审理第一审案件需要延长的，由最高法院批准。

5. 宣告判决：①法院对公开审理和不公开审理的案件，一律公开宣告判决。②当庭宣判的，应当在 10 日内发送判决书；定期宣判的，宣判后立即发给判决书。③宣告判决时，必须告知当事人上诉权利、上诉期限和上诉的法院。

[法条链接]《行政诉讼法》第 54 条，第 67 条第 1 款，第 68、80、81 条；《政府信息公开案件规定》第 6 条。

（四）第一审程序之简易程序

1. 适用范围

（1）法定可适用的案件。法院审理下列第一审行政案件，认为事实清楚、权利义务关系明确、争议不大的，可以适用简易程序：①被诉行政行为是依法当场作出的；②案件涉及款额 2000 元以下的；③属于政府信息公开案件的。

（2）约定可适用的案件。第一审行政案件，当事人各方同意适用简易程序的，可以适用简易程序。

（3）不得适用的案件。发回重审、按照审判监督程序再审的案件不适用简易程序。

2. 简易程序的要求

对于适用简易程序审理的行政案件：①由审判员 1 人独任审理；②法院应当在立案之日起 45 日内审结。

（1）传唤、通知

适用简易程序审理的行政案件，法院可以用口头通知、电话、短信、传真、电子邮件等简便方式传唤当事人、通知证人、送达裁判文书以外的诉讼文书。

（2）开庭前的举证期限与答辩期间

❶举证期限由法院确定，也可以由当事人协商一致并经法院准许，但不得超过 15 日。被告要求书面答辩的，法院可以确定合理的答辩期间。

❷法院应当将举证期限和开庭日期告知双方当事人，并向当事人说明逾期举证以及拒不到庭的法律后果，由双方当事人在笔录和开庭传票的送达回证上签名或者捺印。

❸当事人双方均表示同意立即开庭或者缩短举证期限、答辩期间的，法院可以立即开庭审理或者确定近期开庭。

3. 简易程序向普通程序的转换

法院在审理过程中，发现案件不宜适用简易程序的，裁定转为普通程序。法院应当在审理期限届满前作出裁定并将合议庭组成人员及相关事项书面通知双方当事人。案件转为普通程序审理的，审理期限自法院立案之日起计算。

[法条链接]《行政诉讼法》第 82~84 条；《行诉解释》第 103~105 条。

（五）行政诉讼期间行政行为的执行

1. 原则上不停止执行

行政行为一经作出即推定为合法有效，具有执行力，在行政诉讼期间，原则上也不停止行政行为的执行。

2. 例外情况下停止执行

（1）被告认为需要停止执行的；

（2）法院依申请停止执行行政行为：原告或者利害关系人申请停止执行，法院认为该执行会造成难以弥补的损失，并且停止执行不损害国家利益、社会公共利益的；

（3）法院依职权停止执行行政行为：法院认为该行政行为的执行会给国家利益、社会公共利益造成重大损害的；

（4）法律、法规规定停止执行的。

[提示] 政府信息公开案件诉讼期间，原告申请停止公开涉及其商业秘密、个人隐私的政府信息，法院经审查认为公开该政府信息会造成难以弥补的损失，并且停止公开不损害公共利益的，可以裁定暂时停止公开。

3. 救济

当事人对停止执行或者不停止执行的裁定不服的，可以申请复议一次。

[法条链接]《行政诉讼法》第 56 条；《政府信息公开案件规定》第 11 条第 2 款。

（六）撤诉

1. 申请撤诉

申请撤诉是当事人对自己诉讼权利的积极处分，当事人主动向受诉法院提出撤诉申请，不再要求受诉法院对案件继续进行审理。

被告改变被诉具体行政行为，原告申请撤诉，法院准予原告撤诉的四个条件：

（1）申请撤诉是当事人真实意思表示；

（2）被告改变被诉具体行政行为，不违反法律、法规的禁止性规定，不超越或者放弃职权，不损害公共利益和他人合法权益；

（3）被告已经改变或者决定改变被诉具体行政行为，并书面告知法院；

（4）第三人无异议。

2. 视为撤诉

视为撤诉是当事人对自己诉讼权利的消极处分，当事人拒绝履行以下法定诉讼义务的，视为其撤诉：

（1）原告或上诉人经传票传唤，无正当理由拒不到庭的，可以按撤诉处理。

（2）原告或上诉人未经法庭许可中途退庭的，可以按撤诉处理。

（3）原告或上诉人未按规定的期限预交案件受理费，又不提出缓交、减交、免交申请，或者提出申请未获批准的，按自动撤诉处理。但是，在按撤诉处理后，原告或上诉人在法定期限内再次起诉或者上诉，并依法解决诉讼费预交问题的，法院应予立案。

3. 撤诉后果

（1）无论是申请撤诉还是视为撤诉，都可直接导致诉讼程序的终结；

（2）法院裁定准许原告撤诉后，原告以同一事实和理由重新起诉的，法院不予受理；

（3）准予撤诉的裁定确有错误，原告申请再审的，法院应当通过审判监督程序撤销原准予撤诉的裁定，重新对案件进行审理。

[法条链接]《行政诉讼法》第58条；《行诉解释》第60、61条；《行诉撤诉规定》第2条。

（七）被告缺席

1. 被告缺席的情形

（1）经法院传票传唤，被告无正当理由拒不到庭；

（2）被告未经法庭许可中途退庭。

2. 被告缺席的处理

（1）法院可以缺席判决；

（2）法院可以将被告拒不到庭或者中途退庭的情况予以公告；

（3）法院可以向监察机关或者被告的上一级行政机关提出依法给予其主要负责人或者直接责任人员处分的司法建议。

[法条链接]《行政诉讼法》第58条、第66条第2款；《行诉解释》第79条第3款。

（八）先予执行

1. 实体条件——起诉行政机关没有依法支付抚恤金、最低生活保障金和工伤、医疗社会保险金的案件，权利义务关系明确、不先予执行将严重影响原告生活。

2. 程序条件——原告申请。

[法条链接]《行政诉讼法》第57条第1款。

（九）被告改变被诉行政行为

被告改变被诉行政行为情形	实质改变：①改变认定的主要事实和证据；②改变适用的规范依据且对定性产生影响；③撤销、部分撤销或者变更处理结果。
	视为改变：①根据原告的请求依法履行法定职责；②采取相应的补救、补偿等措施；③在行政裁决案件中，书面认可原告与第三人达成的和解。
被告改变被诉行政行为程序	既可以在第一审期间改变，也可以在第二审期间和再审期间改变。
	在一审期间改变被诉行政行为的，应当书面告知法院。

续表

行政诉讼程序变化	(1) 原告申请撤诉的，经法院准许后诉讼结束； (2) 原告不撤诉的，法院继续审理原行政行为； (3) 原告或第三人起诉新的行政行为的，法院审理新行政行为并作出判决； (4) 不作为案件被告已作为，原告不撤诉的，法院继续审理不作为的合法性。

[法条链接]《行政诉讼法》第 62 条；《行诉解释》第 81 条；《行诉撤诉规定》第 3、4 条。

（十）调解

行政诉讼原则上不适用调解，仅在例外情况下可以调解。

调解范围	行政赔偿、行政补偿、行政协议以及行政机关行使法律、法规规定的自由裁量权的案件。
调解原则	遵循自愿、合法原则，不得损害国家利益、社会公共利益和他人合法权益。
迳行调解	法律关系明确、事实清楚的，法院在征得当事人双方同意后，可迳行调解。
调解书	(1) 调解书应当写明诉讼请求、案件的事实和调解结果； (2) 调解书由审判人员、书记员署名，加盖法院印章，送达双方当事人； (3) 调解书经双方当事人签收后，即具有法律效力。
第三人参加调解	经法院准许，第三人可以参加调解；法院也可以通知第三人参加调解。
调解不公开	(1) 调解过程不公开，但当事人同意公开的除外； (2) 调解协议内容不公开，但为保护国家利益、社会公共利益、他人合法权益，法院认为确有必要公开的除外。
调解与判决	(1) 当事人一方或者双方不愿调解、调解未达成协议的，法院应当及时判决； (2) 当事人自行和解或者调解达成协议后，请求法院按照和解协议或者调解协议的内容制作判决书的，法院不予准许。

[法条链接]《行政诉讼法》第 60 条；《行诉解释》第 84~86 条；《行政协议案件规定》第 23 条。

（十一）第二审程序

行政诉讼第二审程序与民事诉讼基本相同，重点掌握以下内容：

1. 审理方式

法院对上诉案件，应当组成合议庭，开庭审理。经过阅卷、调查和询问当事人，对没有提出新的事实、证据或者理由，合议庭认为不需要开庭审理的，也可以不开庭审理。

[提示] 行政诉讼第二审的审理方式是原则上开庭审理，例外情况下书面审理。例外情况是：当事人没有提出新的事实、证据或者理由，且合议庭认为不需要开庭审理。

2. 审理对象

法院审理上诉案件，应当对原审法院的判决、裁定和被诉行政行为进行全面审查，不受当事人上诉范围的限制。

3. 审理期限

法院审理上诉案件，应当在收到上诉状之日起 3 个月内作出终审判决。

[法条链接]《行政诉讼法》第 86~88 条。

（十二）行政诉讼裁判的执行

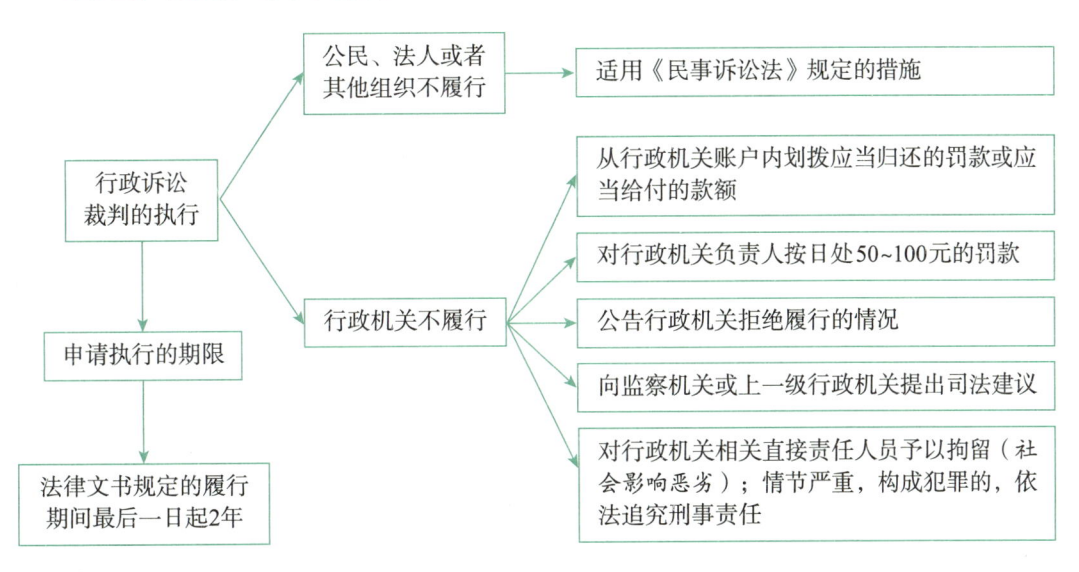

```
                            ┌─ 公民、法人或者 ──→ 适用《民事诉讼法》规定的措施
                            │   其他组织不履行
                            │
                            │                    ┌─ 从行政机关账户内划拨应当归还的罚款或应
                            │                    │   当给付的款额
  行政诉讼 ──────────────────┤                    │
  裁判的执行                 │                    ├─ 对行政机关负责人按日处50~100元的罚款
                            │                    │
                            └─ 行政机关不履行 ────┼─ 公告行政机关拒绝履行的情况
                                                 │
                                                 ├─ 向监察机关或上一级行政机关提出司法建议
                                                 │
                                                 └─ 对行政机关相关直接责任人员予以拘留（社
                                                     会影响恶劣）；情节严重，构成犯罪的，依
                                                     法追究刑事责任

  申请执行的期限 ── 法律文书规定的履行期间最后一日起2年
```

[法条链接]《行政诉讼法》第 95、96 条；《行诉解释》第 153 条。

（十三）行政附带民事诉讼

适用条件	（1）涉及行政许可、登记、征收、征用和行政机关对民事争议所作的裁决的行政诉讼（包括一并提起的行政赔偿诉讼）。 （2）当事人申请一并解决相关民事争议。 （3）当事人应当在第一审开庭审理前提出；有正当理由的，也可以在法庭调查中提出。对于法院不予准许的决定，可以申请复议一次。 （4）法院在审理行政案件中发现民事争议为解决行政争议的基础，当事人没有请求法院一并审理相关民事争议的，法院应当告知当事人依法申请一并解决民事争议。
不适用情形	（1）法律规定应当由行政机关先行处理的民事争议； （2）违反《民事诉讼法》专属管辖规定或者协议管辖约定的民事争议； （3）约定仲裁或者已经提起民事诉讼的民事争议。
管 辖	由受理行政案件的法院管辖。
立 案	（1）涉及行政许可、登记、征收、征用的民事争议案件，民事争议应当单独立案； （2）法院审理行政机关对民事争议所作裁决的案件，一并审理民事争议的，不另行立案。
审 理	（1）由同一审判组织审理； （2）法院一并审理相关民事争议，适用民事法律规范的相关规定，法律另有规定的除外； （3）当事人在调解中对民事权益的处分，不能作为审查被诉行政行为合法性的根据。

续表

撤　诉	（1）行政诉讼原告在宣判前申请撤诉的，是否准许由法院裁定； （2）法院裁定准许行政诉讼原告撤诉，但其对已经提起的一并审理相关民事争议不撤诉的，法院应当继续审理。
裁　判	（1）行政争议和民事争议应当分别裁判。 （2）当事人仅对行政裁判或者民事裁判提出上诉的，未上诉的裁判在上诉期满后即发生法律效力。第一审法院应当将全部案卷一并移送第二审法院，由行政审判庭审理。第二审法院发现未上诉的生效裁判确有错误的，应当按照审判监督程序再审。
诉讼费用	法院一并审理相关民事争议，应当按行政案件、民事案件的标准分别收取诉讼费用。

[法条链接]《行政诉讼法》第 61 条第 1 款；《行诉解释》第 137 条，第 138 条第 1、3 款，第 139~144 条。

（十四）行政公益诉讼

诉前程序		（1）检察院在履行职责中发现生态环境和资源保护、食品药品安全、国有财产保护、国有土地使用权出让等领域负有监督管理职责的行政机关违法行使职权或者不作为，致使国家利益或者社会公共利益受到侵害的，应当向行政机关提出检察建议，督促其依法履行职责。 （2）行政机关应当在收到检察建议书之日起 2 个月内依法履行职责，并书面回复检察院。出现国家利益或者社会公共利益损害继续扩大等紧急情形的，行政机关应当在 15 日内书面回复。 （3）行政机关不依法履行职责的，检察院依法向法院提起诉讼。
管　辖	基层检察院起诉	被诉行政机关所在地基层法院管辖。
检察院	公益诉讼起诉人	依照《民事诉讼法》《行政诉讼法》享有相应的诉讼权利，履行相应的诉讼义务，但法律、司法解释另有规定的除外。
起　诉	检察院应当提交的材料	（1）行政公益诉讼起诉书，并按照被告人数提出副本； （2）被告违法行使职权或者不作为，致使国家利益或者社会公共利益受到侵害的证明材料； （3）已经履行诉前程序，行政机关仍不依法履行职责或者纠正违法行为的证明材料。
出　庭	检察院派员出庭	（1）法院开庭审理检察院提起的公益诉讼案件，应当在开庭 3 日前向检察院送达出庭通知书； （2）检察院应当派员出庭，并应当自收到出庭通知书之日起 3 日内向法院提交派员出庭通知书。
证据保全		检察院办理公益诉讼案件，需要采取证据保全措施的，依照《民事诉讼法》《行政诉讼法》相关规定办理。
上　诉		检察院不服法院第一审判决、裁定的，可以向上一级法院提起上诉。

续表

执 行	(1) 法院可以将判决结果告知被诉行政机关所属的政府或者其他相关的职能部门； (2) 被告不履行生效判决、裁定的，法院应当移送执行。

[提示] 行政公益案件应当优先适用行政公益诉讼的特别规则；没有特别规则时，适用一般行政诉讼规则。

[法条链接]《检察公益诉讼解释》第4条，第5条第2款，第6、8、10、12、21、22条，第25条第2款。

考点3 行政赔偿程序

命题角度分析

行政赔偿有两大程序：①在行政复议和行政诉讼中一并解决行政赔偿问题的程序；②单独提起行政赔偿的程序。在案例分析题中主要考查在行政复议中附带处理行政赔偿的程序规则、在行政诉讼中附带处理行政赔偿的程序规则、以行政赔偿义务机关先行处理作为行政赔偿诉讼的前置程序、行政追偿的条件。

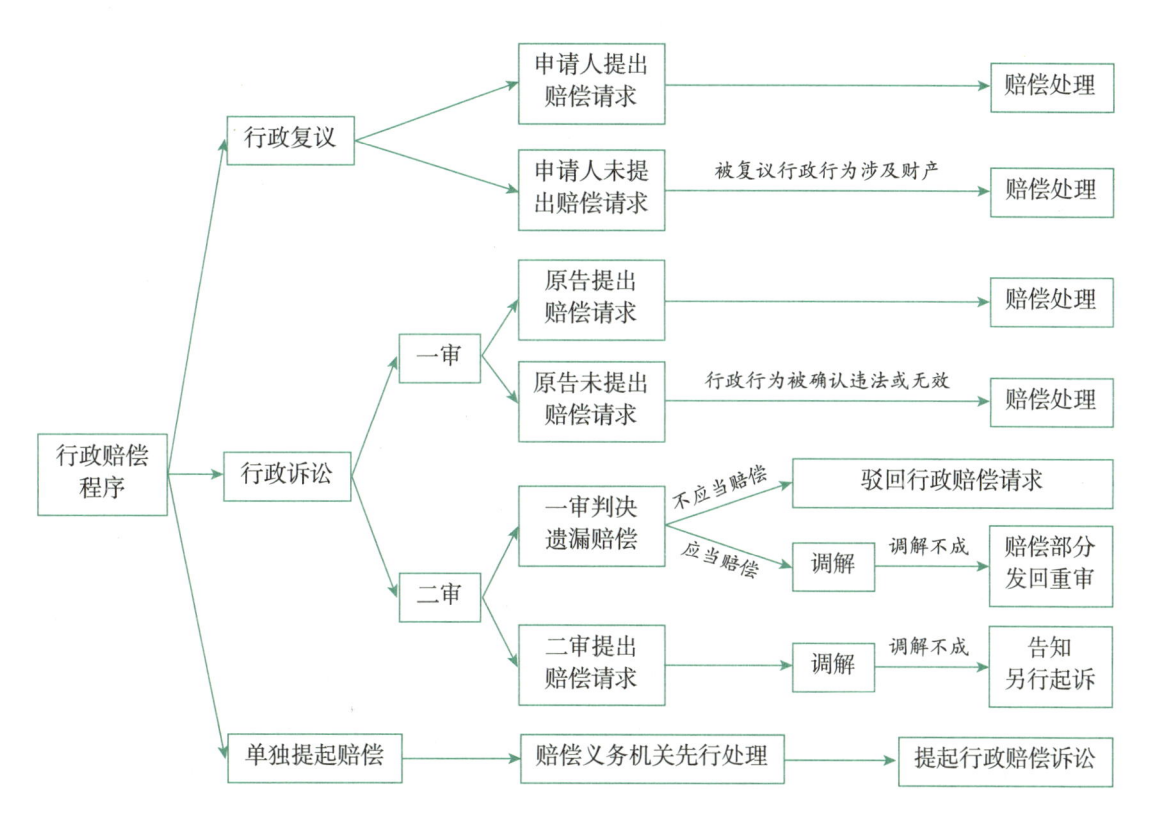

```
                    ┌─ 申请人提出赔偿请求 ──────────────── 赔偿处理
         ┌─ 行政复议 ┤
         │          └─ 申请人未提出赔偿请求 ── 被复议行政行为涉及财产 ── 赔偿处理
         │
         │          ┌─ 一审 ┬─ 原告提出赔偿请求 ──────────────── 赔偿处理
         │          │      └─ 原告未提出赔偿请求 ── 行政行为被确认违法或无效 ── 赔偿处理
行政赔偿 ─┤ 行政诉讼 ┤                                不应当赔偿 ── 驳回行政赔偿请求
  程序    │          │      ┌─ 一审判决遗漏赔偿 ┤
         │          │      │                  应当赔偿 ── 调解 ── 调解不成 ── 赔偿部分发回重审
         │          └─ 二审 ┤
         │                 └─ 二审提出赔偿请求 ── 调解 ── 调解不成 ── 告知另行起诉
         │
         └─ 单独提起赔偿 ── 赔偿义务机关先行处理 ── 提起行政赔偿诉讼
```

[提示] 公民、法人或者其他组织提起行政赔偿诉讼时，行政行为未被确认为违法且符合行政诉讼起诉条件的，视为提起行政诉讼时一并提起行政赔偿诉讼。

注意1：法院释明义务：原告提起行政诉讼时未一并提起行政赔偿诉讼，法院审查认为可能存在行政赔偿的，应当告知原告可以一并提起行政赔偿诉讼。

注意2：国家赔偿中，赔偿请求人请求国家赔偿的时效为自知道或者应当知道行政行为侵犯其合法权益之日起2年。但是注意，行政赔偿中，在申请行政复议或者提起行政诉讼时一并提出行政赔偿诉讼的期限分别为60日与6个月，单独提起行政赔偿诉讼的期限为3个月。

[法条链接]《国家赔偿法》第9条第2款，第12条第1、2、4款，第13~15条，第39条第1款；《行政复议法》第29条第2款；《行诉解释》第109条第4~6款；《行政赔偿案件规定》第13条第1款，第14、15条，第17条第2款。

注意3：行政追偿必须具备两个条件：①赔偿义务机关已经履行了行政赔偿责任；②行政机关工作人员、受委托的组织或个人具有故意或者重大过失。

[法条链接]《国家赔偿法》第16条第1款。

专题 6 行政诉讼的证据和规范性文件附带审查

行政救济的证据主要是行政诉讼的证据，也涉及国家赔偿中行政赔偿的证据。

考点 1 行政诉讼当事人举证

命题角度分析

在案例分析题中主要考查在行政诉讼中如何分配原告和被告的举证责任，如何确定原告和被告的举证期限。

（一）被告的举证责任

被告对被诉行政行为的合法性负举证责任。

1. 被告应当提供作出该行政行为的证据和所依据的规范性文件。
2. 原告可以提供证明行政行为违法的证据，原告提供的证据不成立的，不免除被告的举证责任。

[法条链接]《行政诉讼法》第 34 条第 1 款、第 37 条。

（二）原告的举证责任

1. 证明起诉符合法定条件。

> 注意：被告认为原告起诉超过法定期限的除外。

2. 在起诉被告不作为的案件中，原告应当提供其在行政程序中曾经向被告提出申请的证据材料。

> 注意 1：两个例外：

（1）被告应当依职权主动履行法定职责的案件。即行政机关法定职责的履行不以原告申请为前提。

［例］警察巡逻时看到正在遭受不法侵害的公民，不依职权进行保护。

（2）原告因正当理由不能提供证据的案件。

> 注意 2：正当理由，是指原告因被告受理申请的登记制度不完备等正当事由不能提供相关证据材料的，就不用提供其向被告提出过申请的证据材料，只要作出合理说明即可。

3. 在行政赔偿、补偿的案件中，原告应当对行政行为造成的损害提供证据。

> 注意 1：因被告的原因导致原告无法就损害情况举证的，应当由被告就该损害情况承担举证责任。

［提示］在行政赔偿案件中，当事人的损失因客观原因无法鉴定的，法院应当结合当

事人的主张和在案证据，遵循法官职业道德，运用逻辑推理和生活经验、生活常识等，酌情确定赔偿数额：①对于原告主张的生产和生活所必需物品的合理损失，应当予以支持；②对于原告提出的超出生产和生活所必需的其他贵重物品、现金损失，可以结合案件相关证据予以认定。

注意2：行政赔偿诉讼原则上采用的是"谁主张，谁举证"的规则。但是，这一原则有举证责任倒置的例外，即赔偿义务机关采取行政拘留或者限制人身自由的强制措施期间，被限制人身自由的人死亡、丧失行为能力或者受到其他身体伤害的，若赔偿义务机关否认相关损害事实或者损害与违法行政行为之间存在因果关系，则应当由赔偿义务机关提供证据。

[法条链接]《行政诉讼法》第38条；《国家赔偿法》第15条；《行诉解释》第47条第1、3款；《行政诉讼证据规定》第4条；《行政赔偿案件规定》第11条第2款、第12条。

（三）举证期限

1. 一般情况

被告	一般期限	收到起诉状副本之日起15日内，提供据以作出被诉行政行为的全部证据和所依据的规范性文件。
	延期提供	因不可抗力或其他正当事由不能提供的，应在举证期限内向法院提出书面延期申请。
	后果	被告不提供或无正当理由逾期提供证据的，视为被诉行政行为没有相应证据。但是，被诉行政行为涉及第三人合法权益，第三人提供证据的除外。
原告或第三人	一般期限	在开庭审理前或法院指定的交换证据清单之日。
	延期提供	因正当事由申请延期提供证据的，经法院准许，可在法庭调查中提供。
	后果	逾期提供证据的，须说明理由，否则视为放弃举证权利。

[提示] 被告不提供或者无正当理由逾期提供证据的，一般视为被诉行政行为没有相应证据。但是，第三人提供被诉行政行为证据的除外。

[例] 在行政许可案件中，被告不提供或者无正当理由逾期提供证据的，与被诉行政许可行为有利害关系的第三人可以向法院提供行政许可行为的证据。

[法条链接]《行政诉讼法》第34条、第36条第1款、第67条第1款；《行诉解释》第34条、第35条第1款；《行政许可案件规定》第8条第1款。

2. 特殊情况

被告在一审中补充证据	原告或第三人提出其在行政处理程序中没有提出的理由或证据的，经法院准许，被告可在一审中补充相应的证据。
二审或再审中可提供的"新的证据"	在一审中应准予延期提供而未获准许的证据。
	当事人在一审中依法申请调取而未获准许或未取得，法院在二审中调取的证据。
	原告或第三人提供的在举证期限届满后发现的证据。

注意：二审中的"新证据"：不是一审没有提供的证据在二审中提供都可作为"新证据"，能作为"新证据"的只有由于当事人主观以外的原因（客观原因、一审法院的原因等正当事由）而未能在一审中提供的证据。

法条链接《行政诉讼法》第36条第2款；《行政诉讼证据规定》第52条。

考点2 行政诉讼证据的调取和效力

命题角度分析

在案例分析题中主要考查在行政诉讼中法院调取证据的情形，特别是对法院调取证据的限制；考查行政诉讼证据效力，特别是不能作为支持被诉行政行为证据的情形。

（一）行政诉讼证据的调取

法院调取证据可分为依职权调取和依申请调取两种情形。

依职权调取	（1）涉及国家利益、公共利益或者他人合法权益的事实认定的证据材料； （2）涉及依职权追加当事人、中止诉讼、终结诉讼、回避等程序性事项的证据材料。
依申请调取 （原告或第三人）	（1）由国家有关部门保存而须由法院调取的证据材料； （2）涉及国家秘密、商业秘密、个人隐私的证据材料； （3）确因客观原因不能自行收集的其他证据材料。

注意：无论是依职权主动调取证据还是依申请调取证据，法院都不得为证明行政行为的合法性调取被告作出行政行为时未收集的证据。

法条链接《行政诉讼法》第40、41条；《行政诉讼证据规定》第22条。

（二）行政诉讼证据效力

完全无效的证据	（1）严重违反法定程序收集的证据； （2）以利诱、欺诈、胁迫、暴力等不正当手段获取的证据； （3）以偷拍、偷录、窃听等手段获取侵害他人合法权益的证据； （4）以违反法律禁止性规定或者侵犯他人合法权益的方法取得的证据。
不利于被告的证据	（1）被告在行政程序中非法剥夺公民、法人或其他组织依法享有的陈述、申辩或听证权利所采用的证据； （2）被告及其诉讼代理人在作出行政行为后或在诉讼程序中自行收集的证据； （3）原告或者第三人在诉讼程序中提供的、被告在行政程序中未作为行政行为依据的证据； （4）二审中提交的在一审中未提交的证据，不能作为撤销或变更一审裁判的根据。
不利于原告的证据	（1）原告或第三人在一审程序中无正当事由未提供而在二审程序中提供的证据； （2）被告有证据证明其在行政程序中依照法定程序要求原告或第三人提供证据，原告或第三人依法应提供而拒不提供，在诉讼程序中提供的证据。

[法条链接]《行政诉讼法》第43条第3款;《行诉解释》第43、45条;《行政诉讼证据规定》第57~60条。

考点3 ▶▶ 行政诉讼中规范性文件的附带审查

[命题角度分析]
在案例分析题中主要考查行政诉讼中附带审查规范性文件的条件和程序,特别是对规范性文件不合法的处理。

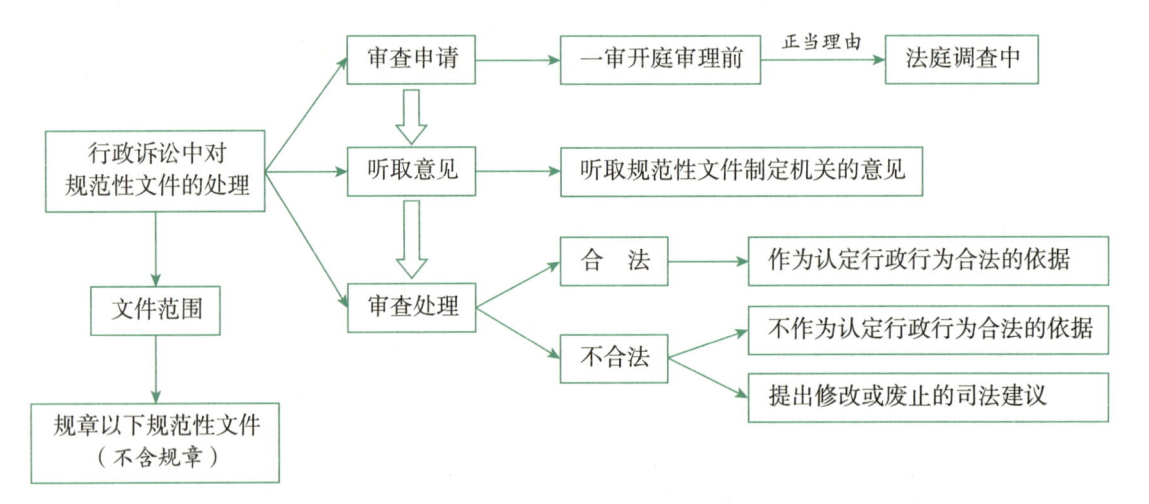

```
                    ┌─ 审查申请 ──→ 一审开庭审理前 ──正当理由──→ 法庭调查中
                    │                    ↓
行政诉讼中对         ├─ 听取意见 ──→ 听取规范性文件制定机关的意见
规范性文件的处理 ──┤                    ↓
                    │                ┌─ 合 法 ──→ 作为认定行政行为合法的依据
                    └─ 审查处理 ────┤
                                     └─ 不合法 ──→ 不作为认定行政行为合法的依据
                    文件范围                       提出修改或废止的司法建议
                        ↓
                 规章以下规范性文件
                    (不含规章)
```

[注意]:行政诉讼中附带审查的规范性文件应当是被诉行政行为作出的依据。

[法条链接]《行政诉讼法》第53、64条;《行诉解释》第146条,第147条第1、2款,第148条,第149条第1、2、4款,第150条。

专题 7　具体行政行为合法性与行政救济结案

具体行政行为的合法性判断是行政救济结案的前提，行政救济结案包括行政复议决定与行政诉讼判决，也包括行政赔偿、行政补偿的复议决定和诉讼判决。

考点 1　具体行政行为的合法性

命题角度分析

在案例分析题中主要考查通过具体行政行为的六个合法要件来判断具体行政行为的合法性，特别是对具体行政行为违法的认定。

（一）行为主体符合法定职权范围

行政机关应当在法定职权范围内作出具体行政行为，这是具体行政行为合法的必要条件之一。法定职权范围包括事务管辖权、级别管辖权和地域管辖权。

[提示] 行政机关超越职权作出具体行政行为就构成违法。超越职权是具体行政行为违法的充分条件。

注意：行政处罚的管辖

（1）地域管辖

行政处罚由违法行为发生地的行政机关管辖。法律、行政法规、部门规章另有规定的除外。

（2）级别管辖

行政处罚由县级以上地方政府具有行政处罚权的行政机关管辖。法律、行政法规另有规定的除外。

省、自治区、直辖市根据当地实际情况，可以决定将基层管理迫切需要的县级政府部门的行政处罚权交由能够有效承接的乡镇政府、街道办事处行使。

[法条链接]《行政处罚法》第22、23条，第24条第1款。

（二）事实证据确凿

具体行政行为应当具备事实依据——证据。行政机关应当在确凿的事实证据的基础上作出具体行政行为，这是具体行政行为合法的必要条件之一。

[提示] 行政机关作出具体行政行为时缺乏必要证据或者主要证据不足，是具体行政行为违法的充分条件。

❶ 注意：行政处罚的证据

（1）全过程记录

行政机关应当依法以文字、音像等形式，对行政处罚的启动、调查取证、审核、决定、送达、执行等进行全过程记录，归档保存。

（2）电子技术监控设备收集证据

行政机关依照法律、行政法规规定利用电子技术监控设备收集、固定违法事实的，应当经过法制和技术审核，确保电子技术监控设备符合标准、设置合理、标志明显，设置地点应当向社会公布。

电子技术监控设备记录违法事实应当真实、清晰、完整、准确。行政机关应当审核记录内容是否符合要求；未经审核或者经审核不符合要求的，不得作为行政处罚的证据。

行政机关应当及时告知当事人违法事实，并采取信息化手段或者其他措施，为当事人查询、陈述和申辩提供便利。

[法条链接]《行政处罚法》第41、47条。

（三）适用法律、法规正确

具体行政行为应当具备法律依据——适用法律、法规正确。行政机关应当在正确适用法律、法规的基础上作出具体行政行为，这是具体行政行为合法的必要条件之一。

[提示] 行政机关作出具体行政行为时错误地适用了法律、法规，是具体行政行为违法的充分条件。

（四）符合法定程序

法定程序是行政机关作出具体行政行为应当遵循的步骤、顺序、方式和时限。符合法定程序是具体行政行为合法的必要条件之一。

[提示] 行政机关遗漏程序步骤、颠倒顺序、超越时限以及违反法定行为方式等作出具体行政行为就构成违法。违反法定程序是具体行政行为违法的充分条件。程序违法往往会限制或者剥夺当事人的程序性权利（了解权、陈述权、申辩权、听证权等）。

（五）行为主体不滥用职权

滥用职权属于实质违法，如行政机关在作出具体行政行为时考虑不正当的法外因素或者同等情况不同处理等。行为主体不得滥用职权，这是具体行政行为合法的必要条件之一。

[提示] 行政机关滥用职权是具体行政行为违法的充分条件。

（六）无明显不当

明显不当，是指具体行政行为明显不合理，行政机关行使行政裁量权作出的具体行政行为明显逾越了合理性的限度。无明显不当是具体行政行为合法的必要条件之一。

[提示] 行为明显不当是具体行政行为违法的充分条件。

❶ 注意：行政机关滥用职权是从主观的角度来认定具体行政行为的违法，行为明显不当是从结果的角度来认定具体行政行为的违法。

一招制敌 区分具体行政行为合法与违法的构成：六个合法要件全部具备才构成具体行政行为的合法，六个合法要件只要缺少任意一个就构成具体行政行为的违法。

法条链接《行政复议法》第28条第1款；《行政诉讼法》第69、70条。

考点2 >>> 行政复议决定

命题角度分析

在案例分析题中主要考查行政复议中六种复议决定的适用条件，特别是区分程序性驳回复议申请决定和实体性驳回复议申请决定。

1. 维持决定

具体行政行为认定事实清楚，证据确凿，适用依据正确，程序合法，内容适当的，行政复议机关维持具体行政行为的法律效力。

2. 履行决定

被申请人不履行法定职责的，行政复议机关决定其在一定期限内履行。

3. 撤销、变更、确认该具体行政行为违法的决定

具体行政行为有下列情形之一的，行政复议机关决定撤销、变更或者确认该具体行政行为违法；决定撤销或者确认该具体行政行为违法的，可以责令被申请人在一定期限内重新作出具体行政行为：①主要事实不清、证据不足的；②适用依据错误的；③违反法定程序的；④超越或者滥用职权的；⑤具体行政行为明显不当的。

注意：行政复议机关决定撤销或者确认该具体行政行为违法的，可以责令被申请人在一定期限内重新作出具体行政行为，但被申请人不得以同一事实和理由作出与原具体行政行为相同或者基本相同的具体行政行为。

一招制敌 在适用变更决定时，行政复议机关在申请人的行政复议请求范围内，不得作出对申请人更为不利的行政复议决定。

4. 驳回申请决定

（1）实体性驳回申请决定：申请人认为行政机关不履行法定职责申请行政复议，行政复议机关受理后发现该行政机关没有相应法定职责或者在受理前已经履行法定职责的；

（2）程序性驳回申请决定：受理行政复议申请后，发现该行政复议申请不符合法律规定的受理条件的。

一招制敌 申请人对驳回申请决定提起行政诉讼的，实体性驳回申请决定视为复议维持案件，程序性驳回申请决定视为复议不作为案件。

法条链接《行政复议法》第28条；《行政复议法实施条例》第47条、第48条第1款、第51条。

考点 3 行政诉讼一审判决

> **命题角度分析**
>
> 在案例分析题中主要考查行政诉讼一审判决的适用条件,特别是确认违法判决的适用情形。

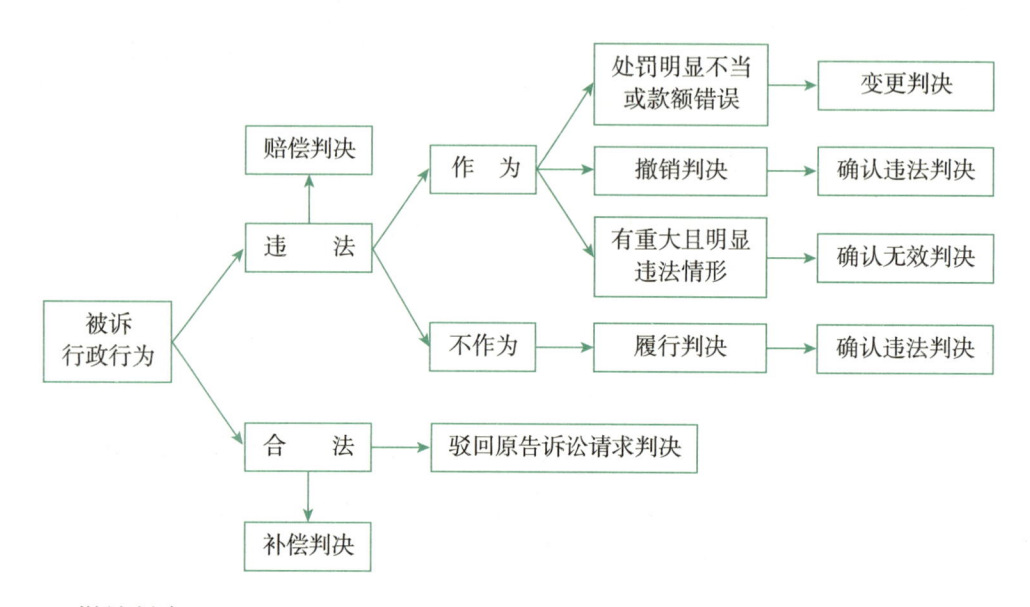

```
                              ┌─ 处罚明显不当
                              │  或款额错误 ────── 变更判决
                   ┌─ 赔偿判决 │
                   │         ┌ 作 为 ─── 撤销判决 ────── 确认违法判决
         ┌─ 违 法 ─┤         │
         │         │         └ 有重大且明显
被诉      │          │           违法情形 ────── 确认无效判决
行政行为 ─┤         └─ 不作为 ─── 履行判决 ────── 确认违法判决
         │
         └─ 合 法 ─── 驳回原告诉讼请求判决
              │
              └─ 补偿判决
```

1. 撤销判决

法院可以适用撤销判决的情形:①行政行为主要证据不足;②行政行为适用法律、法规错误;③行政行为违反法定程序;④行政机关超越职权作出行政行为;⑤行政机关滥用职权作出行政行为;⑥行政行为明显不当。每一种情形都构成法院撤销判决的独立理由。

[法条链接]《行政诉讼法》第70条。

2. 履行判决

履行判决的适用情形:①被告不履行法定职责;②被告依法负有给付义务。

[法条链接]《行政诉讼法》第72、73条;《行诉解释》第91、93条;《行政许可案件规定》第12条;《政府信息公开案件规定》第9条第2~4款、第10条。

3. 变更判决

变更判决的适用范围:①行政处罚明显不当;②其他行政行为涉及对款额的确定、认定确有错误。

> **注意**:变更判决的适用限制
>
> 原则上只能减轻不能加重,即不得加重原告的义务或者减损原告的权益;但利害关系人同为原告,且诉讼请求相反的除外。

[法条链接]《行政诉讼法》第77条。

4. 驳回原告诉讼请求判决

驳回原告诉讼请求判决，是指法院认为被诉行政行为合法或者原告申请被告履行法定职责或者给付义务理由不成立的，直接作出否定原告诉讼请求的一种判决形式。

[法条链接]《行政诉讼法》第 69 条；《行政许可案件规定》第 10 条；《政府信息公开案件规定》第 12 条。

5. 确认违法判决

确认违法判决，是指法院认为被诉行政行为违法，并作出判定的一种判决形式。其适用的具体情形有：①被诉行政行为依法应当撤销，但撤销会给国家利益和社会公共利益造成重大损害的；②行政行为程序轻微违法，但对原告权利不产生实际影响的；③行政行为违法，但不具有可撤销内容的；④被告改变原违法行政行为，原告仍要求确认原行政行为违法的；⑤被告不履行或者拖延履行法定职责，判决履行没有意义的。

[法条链接]《行政诉讼法》第 74、76 条；《行政许可案件规定》第 10 条；《政府信息公开案件规定》第 11 条第 1 款。

6. 确认无效判决

确认无效判决，是指原告申请确认行政行为无效，法院认为行政行为有重大且明显违法等情形，进而确认行政行为无效的判决形式。其适用的具体情形有：

（1）行政行为的实施主体不具有行政主体资格；

（2）减损权利或者增加义务的行政行为没有法律规范依据；

（3）行政行为的内容客观上不可能实施；

（4）其他重大且明显违法的情形。

注意：行政处罚无效的两种情形

（1）行政处罚没有依据或者实施主体不具有行政主体资格的；

（2）违反法定程序构成重大且明显违法的。

[法条链接]《行政诉讼法》第 75、76 条；《行诉解释》第 99 条；《行政处罚法》第 38 条。

考点 4　行政赔偿的构成

命题角度分析

在案例分析题中主要考查行政赔偿责任的构成要件，特别是区分行政赔偿与行政补偿的适用条件。

行政赔偿，是指行政机关及其工作人员在行使职权过程中违法侵犯公民、法人或其他组织的合法权益并造成损害，国家对此承担的赔偿责任。

行政赔偿的构成需要同时满足下面四个要件：

1. 加害行为必须是与行使行政职权有关的行为，应与个人行为区分开来。

2. 加害行为可以是作为，也可以是不作为。作为违法可能造成损害，不作为违法也可能造成损害。

3. 加害行为必须不具有合法性，造成损害的加害行为应该是违法行为或者非法行为。

4. 损害后果要求被侵权人的人身、财产遭受实际损害。

注意1：

（1）第三人赔偿不足、无力承担赔偿责任或者下落不明，行政机关又未尽保护、监管、救助等法定义务的，应当根据行政机关未尽法定义务在损害发生和结果中的作用大小，确定其承担相应的行政赔偿责任；

（2）由于不可抗力等客观原因造成公民、法人或者其他组织损害，行政机关不依法履行、拖延履行法定义务导致未能及时止损或者损害扩大的，应当根据行政机关不依法履行、拖延履行法定义务行为在损害发生和结果中的作用大小，确定其承担相应的行政赔偿责任。

此外，受害人的损失已经通过行政补偿等其他途径获得充分救济的，行政机关不再承担赔偿责任。

注意2： 行政赔偿与行政补偿的区别：①二者的引发原因不同。行政赔偿是违法行为或有过错等特别行为引起的，而行政补偿是合法行为引起的。②二者的性质不同。行政赔偿是普通情况下的行政违法行为或过错行为等引起的法律责任，而行政补偿是例外的特定民事责任，并不存在对行政职权行为的责难。

[法条链接]《国家赔偿法》第3~5条；《行诉解释》第97、98条；《行政赔偿案件规定》第1、24、25、32条。

专题 8　行政协议诉讼

行政协议具有行政性和协议性。在行政协议诉讼中，行政性行为适用行政法律规范和行政诉讼规则，协议性行为适用民事法律规范和民事诉讼规则。

命题角度分析

在案例分析题中主要考查行政协议诉讼的受案范围，以及如何确定原告、被告、管辖法院、起诉期限、举证责任，如何判决。

考点 1　行政协议诉讼的受案范围

行政协议案件不仅包括公民、法人或者其他组织起诉行政机关不履行、未按照约定履行行政协议和行政机关变更、解除行政协议的案件，还包括因行政协议的订立、履行、变更、终止等发生纠纷，公民、法人或者其他组织起诉行政机关的案件。

注意：并非行政机关签订的协议都属于行政协议。对于行政机关之间因公务协助等事由而订立的协议、行政机关与其工作人员订立的劳动人事协议，由于其不是公民、法人和其他组织与行政机关协商订立的协议，因此不属于行政协议。

一招制敌　行政协议案件的命题陷阱：行政机关认为公民、法人或者其他组织不履行、未按照约定履行行政协议而提起行政诉讼的，不属于行政诉讼受案范围，行政机关可以申请人民法院强制执行。

法条链接　《行政协议案件规定》第1~3、24条。

考点 2　行政协议诉讼的原告、被告和管辖法院

（一）原告

行政协议案件中的原告一般是行政协议的相对人，行政协议的利害关系人也具有原告资格。

[例1] 公平竞争权人的原告资格。在参与招标、拍卖、挂牌等竞争性活动时，认为行政机关应当依法与其订立行政协议但行政机关拒绝订立，或者认为行政机关与他人订立行政协议损害其合法权益的公民、法人或者其他组织，有权提起行政诉讼。

[例2] 用益物权人、公房承租人的原告资格。认为征收征用补偿协议损害其合法权益的被征收征用土地、房屋等不动产的用益物权人、公房承租人，有权提起行政诉讼。

一招制敌　考试中的考查重点不是行政协议的相对人，而是行政协议的利害关系人。

[法条链接]《行政协议案件规定》第 5 条。

（二）被告

委托的行政机关	因行政机关委托的组织订立的行政协议发生纠纷的，委托的行政机关是被告。
不得反诉	法院受理行政协议案件后，被告不得就该协议的订立、履行、变更、终止等提起反诉。

[法条链接]《行政协议案件规定》第 4 条第 2 款、第 6 条。

（三）管辖法院

行政协议案件中，当事人书面协议约定选择被告所在地、原告所在地、协议履行地、协议订立地、标的物所在地等与争议有实际联系地点的法院管辖的，法院从其约定。

[注意]：行政协议约定仲裁条款的，法院应当确认该条款无效。

[一招制敌]行政协议当事人约定管辖法院违反级别管辖和专属管辖的，法院不得从其约定。

[法条链接]《行政协议案件规定》第 7、26 条。

考点3 行政协议诉讼的程序

（一）起诉期限

公民、法人或者其他组织对行政机关不依法履行、未按照约定履行行政协议提起诉讼的，诉讼时效参照民事法律规范确定；公民、法人或者其他组织对行政机关变更、解除行政协议等行政行为提起诉讼的，起诉期限依照《行政诉讼法》及其司法解释确定。

[法条链接]《行政协议案件规定》第 25 条。

（二）审理对象

1. 对行政优益权行为的合法性审查。法院应当对被告订立、履行、变更、解除行政协议的行为是否具有法定职权、是否滥用职权、适用法律法规是否正确、是否遵守法定程序、是否明显不当、是否履行相应法定职责进行全面的合法性审查，不受原告诉讼请求的限制。

2. 对行政违约行为的审查。原告认为被告未依法或者未按照约定履行行政协议的，法院应当针对其诉讼请求，对被告是否具有相应义务或者履行相应义务等进行审查。

[法条链接]《行政协议案件规定》第 11 条。

（三）调解

行政协议案件可以依法进行调解，应当遵循自愿、合法原则，不得损害国家利益、社会公共利益和他人合法权益。

[法条链接]《行政协议案件规定》第 23 条。

考点 4　行政协议诉讼的举证责任和法律适用

（一）举证责任

案件情形	举证主体	举证内容
被告订立、履行、变更、解除行政协议	被告	对自己具有法定职权、履行法定程序、履行相应法定职责以及订立、履行、变更、解除行政协议等行为的合法性承担举证责任
原告主张撤销、解除行政协议	原告	对撤销、解除行政协议的事由承担举证责任
对行政协议是否履行发生争议	负有履行义务的当事人	承担举证责任

[法条链接]《行政协议案件规定》第 10 条。

（二）法律适用

1. 民事法律规范适用

法院审理行政协议案件，可以参照适用民事法律规范关于民事合同的相关规定。当事人依据民事法律规范的规定行使履行抗辩权的，法院予以支持。

2. 行政诉讼法和民事诉讼法的适用

法院审理行政协议案件，应当适用行政诉讼法的规定；行政诉讼法没有规定的，参照适用民事诉讼法的规定。

2015 年 5 月 1 日后订立的行政协议发生纠纷的，适用行政诉讼法规定。2015 年 5 月 1 日前订立的行政协议发生纠纷的，适用当时的法律、行政法规及司法解释。

[法条链接]《行政协议案件规定》第 18、27、28 条。

考点 5　行政协议诉讼的判决

案件类型	判决类型	适用情形
行政性行为的判决	驳回诉讼请求判决（补偿判决）	在履行行政协议过程中，可能出现严重损害国家利益、社会公共利益的情形，被告作出变更、解除协议的行政行为后，原告请求撤销该行为，法院经审理认为该行为合法的，判决驳回原告诉讼请求；给原告造成损失的，判决被告予以补偿
	撤销判决	被告行使行政优益权的行政行为违法，法院判决撤销或者部分撤销，并可以责令被告重新作出行政行为
	履行判决	被告行使行政优益权的行政行为违法，法院可以判决继续履行协议、采取补救措施；给原告造成损失的，判决被告予以赔偿

续表

案件类型	判决类型	适用情形
行政性行为的判决	补偿判决	被告或者其他行政机关因国家利益、社会公共利益的需要依法行使行政职权，导致原告履行不能、履行费用明显增加或者遭受损失，原告请求判令被告给予补偿的，法院应予支持
行政协议效力的判决	确认无效	行政协议存在重大且明显违法情形的，法院应当确认行政协议无效；法院可以适用民事法律规范确认行政协议无效
	确认有效	行政协议无效的原因在一审法庭辩论终结前消除的，法院可以确认行政协议有效
	确定协议不发生效力（赔偿判决）	法律、行政法规规定应当经过其他机关批准等程序后生效的行政协议，在一审法庭辩论终结前未获得批准的，法院应当确认该协议不发生效力；行政协议约定被告负有履行批准程序等义务而被告未履行，原告要求被告承担赔偿责任的，法院应予支持（被告的缔约过失责任）
	撤销协议	原告认为行政协议存在胁迫、欺诈、重大误解、显失公平等情形而请求撤销，法院经审理认为符合法律规定的可撤销情形的，可以依法判决撤销该协议
	解除协议	原告请求解除行政协议，法院认为符合约定或者法定解除情形且不损害国家利益、社会公共利益和他人合法权益的，可以判决解除该协议
行政违约行为的判决	履行判决	被告未依法履行、未按照约定履行行政协议的，法院可以依法判决被告继续履行，并明确继续履行的具体内容；被告无法履行或者继续履行无实际意义的，法院可以判决被告采取相应的补救措施；给原告造成损失的，判决被告予以赔偿
	赔偿判决	原告要求按照约定的违约金条款或者定金条款予以赔偿的，法院应予支持；被告明确表示或者以自己的行为表明不履行行政协议义务，原告在履行期限届满之前向法院起诉请求其承担违约责任的，法院应予支持

[法条链接]《行政协议案件规定》第12~14、16、17、19~22条。

专题 9 先行政复议后行政诉讼的处理

先行政复议后行政诉讼是案例分析题中最为常见的案情，涉及行政复议与行政诉讼的程序关系，行政诉讼的起诉期限、被告、管辖法院、举证责任、判决以及国家赔偿中的行政赔偿义务机关等。

命题角度分析

> 在案例分析题中主要考查行政诉讼中复议前置的适用情形，经复议案件如何确定行政诉讼被告、行政赔偿义务机关和管辖法院，如何判决，以及复议维持案件如何确定举证责任。

考点 1 >>> 行政复议与行政诉讼的程序关系

（一）程序处理

行政诉讼与行政复议的关系，以当事人自由选择救济途径为原则，以行政复议前置为例外。

1. 原则上，公民、法人或者其他组织对行政行为不服，有权自由选择救济途径，可以先向行政机关申请复议，也可以直接向法院提起行政诉讼；选择行政复议的，当事人对行政复议不服仍可以再向法院起诉。

2. 例外：公民、法人或者其他组织对行政行为不服，必须先申请行政复议，对行政复议不服，才能向法院起诉。在此情况下，行政复议是行政诉讼的必经程序，复议程序是诉讼程序的前置程序。复议前置属行政复议与行政诉讼关系的例外，必须由法律、法规作出规定。主要有三类案件：

[第 1 类] 对于侵犯当事人已经依法取得的自然资源的所有权或者使用权的行政确认行为，必须先进行行政复议；对行政复议决定不服的，可以依法向法院提起行政诉讼。这些权利包括公民、法人或者其他组织依法对土地、矿藏、水流、森林、山岭、草原、荒地、滩涂、海域等自然资源享有的所有权或者使用权。

自然资源行政确权案件复议前置的条件：①侵犯的是当事人已经依法取得的自然资源的所有权或者使用权。如果当事人尚未取得这些权利或者这些权利的归属尚有争议，则无须复议前置。②具体行政行为确认了该自然资源的所有权或者使用权。

[第 2 类] 纳税人、扣缴义务人、纳税担保人同税务机关在纳税上发生争议时，必须先依照税务机关的纳税决定缴纳或者解缴税款及滞纳金或者提供相应的担保，然后可以依法申请行政复议；对行政复议决定不服的，可以依法向法院起诉。纳税争议，是指纳税

人、扣缴义务人、纳税担保人对税务机关确定纳税主体、征税对象、征税范围、减税、免税及退税、适用税率、计税依据、纳税环节、纳税期限、纳税地点以及税款征收方式等具体行政行为有异议而发生的争议。

[提示] 税务机关的处罚决定、强制执行措施、税收保全措施不属于纳税争议，提起行政诉讼无须复议前置。

[第3类]①经营者集中具有或者可能具有排除、限制竞争效果的，国务院反垄断执法机构应当作出禁止经营者集中的决定；②经营者能够证明该集中对竞争产生的有利影响明显大于不利影响，或者符合社会公共利益的，国务院反垄断执法机构可以作出对经营者集中不予禁止的决定；③对不予禁止的经营者集中，国务院反垄断执法机构可以决定附加减少集中对竞争产生不利影响的限制性条件。对反垄断执法机构作出的上述三项决定不服的，可以先依法申请行政复议；对行政复议决定不服的，可以依法提起行政诉讼。

❶注意：针对国务院反垄断执法机构作出的其他决定提起行政诉讼时，无须复议前置。

[法条链接]《行政诉讼法》第44条；《行政复议法》第30条第1款；《税收征收管理法》第88条第1、2款；《税收征收管理法实施细则》第100条；《反垄断法》第34、35、65条。

（二）起诉期限

不服行政复议决定（包括复议维持和复议改变）而起诉的一般期限为15日，即在收到复议决定书之日起15日内向法院提起诉讼；若复议机关逾期不作决定，则当事人可以在复议期满之日起15日内向法院提起诉讼。

[法条链接]《行政诉讼法》第45条。

考点2　行政诉讼被告与行政赔偿义务机关

（一）行政诉讼被告

经过复议的案件有两种情形：复议不作为和复议作为。确定经复议案件的被告的关键在于诉什么行为。

1. 行政复议不作为案件

行政复议不作为案件的被告，由原告选择被诉行为，根据被诉行为确定被告。因此，在复议不作为案件中，由原告选择被告：①原告认为复议机关不履行法定复议职责，诉复议机关不作为的，被告是复议机关；②原告诉原行政行为的，被告是原行为机关。

2. 行政复议作为案件

行政复议作为的案件中，行政复议决定有两种情形：复议改变决定和复议维持决定。原告提起行政诉讼时，被诉行政行为不是由原告选择，被告也不是由原告选择：①复议改变的，原告只能诉复议改变决定，不能诉原行政行为，被告是复议机关，不能是原行为机关。②复议维持的，原告既要诉原行政行为，又要诉复议维持决定，原行为机关和复议机关为共同被告。注意，这里的被告必须是共同被告。原告只起诉原行为机关或者复议机关的，法院应当告知原告追加被告。原告不同意追加的，法院应当将另一机关列为共同被告。

⚠️注意：复议维持案件、复议改变案件、复议不作为案件的区分

案件类型		具体情形
复议作为案件	复议改变案件	(1) 复议机关改变原行政行为的处理结果 (2) 复议机关确认原行政行为违法（以违反法定程序为由确认原行政行为违法的除外） (3) 复议机关确认原行政行为无效
	复议维持案件	(1) 复议机关改变原行政行为所认定的主要事实和证据、改变原行政行为所适用的规范依据，但未改变原行政行为处理结果 (2) 复议机关以违反法定程序为由确认原行政行为违法 (3) 行政复议决定既有维持原行政行为内容，又有改变原行政行为内容或者不予受理申请内容 (4) 复议机关驳回复议申请或者复议请求（以复议申请不符合受理条件为由驳回的除外）（实体性驳回决定）
复议不作为案件		复议机关以复议申请不符合受理条件为由驳回复议申请（程序性驳回决定）

[法条链接]《行政诉讼法》第26条第2、3款；《行诉解释》第22、133条，第134条第1、2款。

（二）行政赔偿义务机关

一般情况下，行政诉讼被告与行政赔偿义务机关是一致的，但经过复议的行政诉讼案件的被告与行政赔偿义务机关完全不同。

1. 复议维持：行政诉讼中，原行为机关与复议机关为共同被告。行政赔偿中，原行为违法的，原行为机关为赔偿义务机关；原行为合法、复议程序违法的，复议机关为赔偿义务机关。

2. 复议改变：行政诉讼中，复议机关为被告。行政赔偿中，复议减轻损害的，原行为机关为赔偿义务机关；复议加重损害的，原行为造成的损害部分由原行为机关赔偿，复议加重部分由复议机关赔偿。复议机关与原行为机关不是共同赔偿义务机关，二者之间不负连带责任。

[法条链接]《国家赔偿法》第8条。

考点3 ▶▶ 行政诉讼管辖

（一）级别管辖

复议维持的案件，作出原行政行为的行政机关和复议机关为共同被告，应以作出原行政行为的行政机关确定案件的级别管辖。

[例] 县公安局的行为经过县政府复议,县政府维持了县公安局的决定。此时,县公安局和县政府为共同被告,应以县公安局确定本案的级别管辖,而不是以县政府确定本案的级别管辖。因此,本案应由基层法院管辖。

法条链接 《行诉解释》第134条第3款。

(二) 地域管辖

经复议的案件由复议机关所在地法院或者原行为机关所在地法院管辖。

1. 复议维持案件,复议机关和原行为机关为共同被告,根据"原告就被告"原则,由复议机关所在地或者原行为机关所在地法院管辖。

一招制敌 原行为机关和复议机关为共同被告的,以原行为机关确定案件的级别管辖,但不影响案件的地域管辖,即原行为机关所在地法院和复议机关所在地法院对案件都有管辖权。

2. 复议改变案件,复议机关为被告,既可以由复议机关所在地法院管辖,又可以由原行为机关所在地法院管辖。

法条链接 《行政诉讼法》第18条第1款。

考点点拨

复议维持案件中的级别管辖——以原机关确定级别管辖;复议维持案件中的地域管辖——原机关所在地法院或复议机关所在地法院。

考点 4 行政诉讼举证责任

复议维持的案件,被诉行政行为是原行政机关作出的行政行为和复议维持决定,原行为机关和复议机关共同对原行政行为合法性承担举证责任,复议机关对复议维持决定的合法性承担举证责任。

注意:复议机关作共同被告的案件,复议机关在复议程序中依法收集和补充的证据,可以作为法院认定复议决定和原行政行为合法的依据。

法条链接 《行诉解释》第135条第2、3款。

考点 5 行政诉讼判决

(一) 经复议案件的审理对象

1. 复议维持的,复议维持决定和原行政行为是审理对象。
2. 复议改变的,复议改变决定是审理对象。

[提示] 复议维持还是复议改变直接决定着行政诉讼的审查和裁判对象:复议维持的,复议维持决定和原行政行为是行政诉讼的审查和裁判对象;复议改变的,复议改变决定是

行政诉讼的审查和裁判对象，原行政行为不是行政诉讼的审查和裁判对象。

（二）经复议案件的判决

案件类型	适用情形	判决类型
复议改变	复议决定改变原行政行为错误	判决撤销复议决定的，可以责令复议机关重新作出复议决定或者判决恢复原行政行为的法律效力
	复议决定改变原行政行为正确	判决驳回原告诉讼请求
复议维持	原行政行为（作为）违法、复议决定违法	判决撤销原行政行为，同时判决撤销复议决定
	原行政行为（不作为）违法、复议决定违法	判决作出原行政行为的行政机关履行法定职责或者给付义务，同时判决撤销复议决定
	原行政行为合法、复议决定违法	判决驳回原告对原行政行为的诉讼请求，同时判决撤销复议决定或者确认复议决定违法
	原行政行为合法、复议决定合法	判决驳回原告诉讼请求

注意：原行政行为不符合复议或者诉讼受案范围等受理条件，复议机关作出维持决定的，法院应当裁定一并驳回对原行政行为和复议决定的起诉。

法条链接《行政诉讼法》第 79 条；《行诉解释》第 89、136 条。

专题 10　刑事赔偿与国家赔偿方式

刑事赔偿属于国家赔偿中的司法赔偿。刑事赔偿涉及赔偿范围、赔偿义务机关和赔偿程序。国家赔偿方式是解决行政赔偿和刑事赔偿的赔偿方式、赔偿标准、赔偿费用的问题。

> **命题角度分析**
>
> 在案例分析题中主要考查刑事赔偿范围和不赔偿的情形、刑事赔偿义务机关的确定、刑事赔偿的程序处理、刑事追偿的对象、侵害人身权和财产权的国家赔偿方式、赔偿标准和赔偿费用。

考点 1　刑事赔偿范围

（一）侵犯人身权的刑事赔偿范围

1. 错误刑事拘留

错误刑事拘留包括两种情形：

（1）违法采取刑事拘留措施。这具体包括：①违反《刑事诉讼法》规定的条件采取拘留措施；②违反《刑事诉讼法》规定的程序采取拘留措施。

（2）合法采取刑事拘留措施后终止追究刑事责任。行使侦查权的机关采取刑事拘留措施本身合法，但拘留时间超过法定期限，且其后决定撤销案件、不起诉或者判决宣告无罪终止追究刑事责任。

2. 错误逮捕。对公民采取逮捕措施后，决定撤销案件、不起诉或者判决宣告无罪终止追究刑事责任。只要公民被逮捕后，刑事司法机关终止追究刑事责任，就视为错误逮捕。

3. 错误判决

国家承担赔偿责任的错判必须同时具备以下三个条件：

（1）法院对无罪的公民判处刑罚。无罪，包括公民没有实施犯罪行为和没有充分确凿的证据证明公民实施了犯罪行为两种情形。

（2）原判刑罚已经执行。在刑罚执行过程中保外就医的，人身自由虽受限制，但实际上未被羁押，此期间国家不负赔偿责任；被判处管制、有期徒刑缓刑、剥夺政治权利等刑罚的公民被依法改判无罪的，国家也不负赔偿责任。但赔偿请求人在判决生效前被羁押的，国家应当承担赔偿责任。

（3）原判决经审判监督程序被撤销并且被告人被宣告无罪。改判必须依据审判监督程序作出，而且被告人必须被改判无罪。

4. 刑讯逼供、殴打和虐待等暴力行为

国家对暴力行为承担赔偿责任必须同时具备以下三个条件：

（1）实施这种暴力侵权行为的主体不限于司法机关的工作人员，也包括受司法机关及其工作人员唆使或放纵的人员；

（2）这种暴力侵权行为必须发生在执行职务的活动过程中，且与职权行使有密切的联系；

（3）此类暴力行为必须造成了公民身体伤害或者死亡的后果。

5. 违法使用武器、警械。司法人员在执行职务中因正当防卫使用武器、警械造成他人伤亡的，国家不予赔偿；正当防卫明显超过必要限度造成重大损害的，国家应予赔偿。

（二）侵犯财产权的刑事赔偿范围

1. 违法对财产采取查封、扣押、冻结、追缴等措施。

2. 依照审判监督程序再审改判无罪，原判罚金、没收财产已经执行。罚金和没收财产产生国家赔偿责任的条件：①判处罚金或者没收财产的判决必须生效，而且已经执行；②生效判决经审判监督程序被撤销，受害人被宣告无罪。如果经审判监督程序，公民仍然被认定为有罪，那么即使原判决被变更，国家也不承担赔偿责任。

（三）国家不承担赔偿责任的情形

1. 因公民自己故意作虚伪供述，或者伪造其他有罪证据被羁押或者被判处刑罚

（1）必须是被害人本人故意作虚伪供述，或者伪造其他有罪证据。如果司法机关因某一公民作伪证而错误羁押或错判了另一公民，则国家赔偿责任不能免除。

（2）必须是公民自愿作虚伪供述或者伪造证据。受害人作虚伪供述或者伪造证据时往往具有不正当的目的。因司法机关工作人员的威胁、引诱实施这种行为的，国家应当承担赔偿责任。

2. 法律规定不负刑事责任的人被羁押

实施犯罪行为而不负刑事责任的人包括三类：

（1）犯罪时不满 14 周岁的人。

⚠ 注意：恶性事件，经特别程序，刑事责任年龄适当降低至 12 周岁。

（2）已满 14 周岁不满 16 周岁的人，犯故意杀人、故意伤害致人重伤或者死亡、强奸、抢劫、贩卖毒品、放火、爆炸、投放危险物质罪以外的罪行。

（3）不能辨认或控制自己行为的精神病人在不能辨认或控制自己行为的时候犯罪。

3. 依照法律规定不追究刑事责任的人被羁押

依法不负刑事责任的人和依法不追究刑事责任的人被羁押，国家不承担赔偿责任。但是，对起诉后经法院错判拘役、有期徒刑、无期徒刑并已执行的，法院应当对该判决确定后继续监禁期间侵犯公民人身自由权的情形予以赔偿。

4. 司法机关工作人员实施的与行使职权无关的个人行为。

5. 因公民自伤、自残等故意行为致使损害发生。为了解除羁押或逃避劳动及其他个人

原因，实施自伤、自残行为，致使身体受到伤害或死亡的，国家不承担赔偿责任。但是，因司法人员的刑讯逼供或殴打、威胁、折磨等行为致使公民难以忍受而自杀身亡或自杀未遂造成身体伤害的，不属于公民故意自伤、自残，其损害应当由国家承担赔偿责任。

注意1：刑事裁判、刑事拘留和逮捕赔偿的归责要求不同：

（1）对刑事裁判要求再审改判无罪，且原判刑罚已经执行；

（2）对刑事拘留采用违法原则，即违法采取刑事拘留措施或超期拘留后终止追究刑事责任；

（3）对逮捕则实行结果归责，只要公民被逮捕后刑事司法机关终止追究刑事责任的，公民即可要求国家赔偿，不论之前的逮捕是否合法。

注意2：取保候审、监视居住由于没有对人身自由进行实际限制，不属于国家赔偿范围。

[法条链接]《国家赔偿法》第17~19条；《刑事赔偿案件解释》第7条。

考点2 刑事赔偿义务机关

刑事赔偿义务机关采取后置确定原则。

1. 违法采取拘留措施，作出拘留决定的机关为赔偿义务机关。检察机关对于其自行侦查的案件，请求公安机关以强制措施限制受害人人身自由的，公安机关不是赔偿义务机关，检察机关是赔偿义务机关。

2. 对公民采取逮捕措施后决定撤销案件、不起诉或者判决宣告无罪的，作出逮捕决定的机关为赔偿义务机关。对公民采取拘留措施后又采取逮捕措施，国家承担赔偿责任的，依后置确定原则，作出逮捕决定的机关为赔偿义务机关。

3. 再审改判无罪的，作出原生效判决的法院为赔偿义务机关。原生效判决为一审判决的，原一审法院为赔偿义务机关；原生效判决为二审判决的，原二审法院为赔偿义务机关。

4. 二审改判无罪，以及二审发回重审后作无罪处理的，作出一审有罪判决的法院为赔偿义务机关。一审判决有罪，二审发回重审后具有下列情形之一的，属于重审无罪赔偿：①原审法院改判无罪并已发生法律效力的；②重审期间检察院作出不起诉决定的；③检察院在重审期间撤回起诉超过30日或者法院决定按撤诉处理超过30日未作出不起诉决定的。

5. 在刑事赔偿中，司法机关工作人员刑讯逼供或者以殴打等暴力行为或者唆使他人以殴打等暴力行为造成公民身体伤害或者死亡的；违法使用武器、警械造成公民身体伤害或者死亡的；违法对财产采取查封、扣押、冻结、追缴等措施的，该司法工作人员所在的机关为赔偿义务机关。

注意：看守所及其工作人员在行使职权时侵犯公民合法权益造成损害的，看守所的主管机关为赔偿义务机关，即公安机关。

[法条链接]《国家赔偿法》第21条；《刑事赔偿案件解释》第10、12条。

考点3 刑事赔偿程序

司法赔偿义务机关处理	先行处理	赔偿请求人要求赔偿，应当先向赔偿义务机关提出
	处理程序	赔偿申请、赔偿协商、赔偿决定同行政赔偿义务机关处理程序
司法赔偿复议（法院例外）	复议申请期限	赔偿请求人30日内申请复议
	复议决定期限	复议机关应当自收到申请之日起2个月内作出决定
司法赔偿决定（复议机关所在地的同级法院赔偿委员会）	申请期限	赔偿请求人收到复议决定之日起30日内申请
	申请方式	书面申请，也可以口头申请
	申请处理	自收到赔偿申请之日起7日内立案或决定不予受理（申请材料不齐全的，应当场或者在5日内一次性告知需要补正的全部内容）
	审查方式	书面审查；必要时调查情况、收集证据、听取赔偿请求人和赔偿义务机关的陈述和申辩以及质证
	举证责任	谁主张谁举证；被限制人身自由的人死亡或者丧失行为能力的，赔偿义务机关应当提供证据；赔偿义务机关对其职权行为的合法性负有举证责任
	审理程序	赔偿委员会由法院3名以上审判员组成；赔偿委员会可以组织赔偿义务机关与赔偿请求人就赔偿方式、赔偿项目和赔偿数额进行协商
	决定期限	收到赔偿申请之日起3个月内作出决定；特殊案件可延长3个月

[法条链接]《国家赔偿法》第11条，第12条第1、2、4款，第22条第2款，第23~25条，第26条第1款，第27、28条。

[注意]：刑事追偿的对象包括：①实施暴力侵权行为造成公民身体伤害或者死亡的工作人员；②违法使用武器或者警械造成公民身体伤害或者死亡的工作人员；③在处理案件中贪污受贿、徇私舞弊、枉法裁判的工作人员。

[法条链接]《国家赔偿法》第17条第4、5项，第31条第1款。

考点4 国家赔偿方式、赔偿标准和赔偿费用

（一）人身权损害的赔偿

对于人身权损害的赔偿涉及：人身自由权、健康权、生命权、名誉权和荣誉权。

1. 人身自由权损害赔偿

限制、剥夺人身自由的赔偿，按日支付赔偿金，每日赔偿金按照国家上年度职工日平均工资计算，一般以受害人被羁押的时长乘以每日赔偿金额计算。

2. 健康权损害赔偿

（1）造成一般身体损害的，应当支付医疗费、护理费，以及赔偿因误工减少的收入。

❶医疗费，是指受害人身体受到损害后，为恢复健康进行治疗所支出的费用，包括医疗费、住院费、化验费等。

❷护理费，是指受害人因遭受人身损害，生活无法自理，需要他人护理而支出的费用。

❸误工减少的收入，是指受害人因受伤后不能工作而损失的收入。减少的收入每日的赔偿金按照国家上年度职工日平均工资计算，最高额为国家上年度职工年平均工资的 5 倍。

（2）造成严重身体损害（部分或全部丧失劳动能力）的，应当支付医疗费、护理费、残疾生活辅助具费、康复费等因残疾而增加的必要支出和继续治疗所必需的费用，以及残疾赔偿金。造成全部丧失劳动能力的，对其扶养的无劳动能力的人，还应当支付生活费。

❶残疾生活辅助具费，是指受害人因残疾而造成身体功能全部或者部分丧失后，需要配制具有补偿功能的残疾辅助器具的费用。

❷康复费，是指残疾人为恢复肌体的正常机能而进行的康复训练所支付的费用。

❸残疾赔偿金，是指国家机关及其工作人员因违法行使职权侵犯公民生命健康权，致使公民部分或全部丧失劳动能力后，国家支付给受害人的赔偿金。残疾赔偿金根据丧失劳动能力的程度，按照国家规定的伤残等级确定，最高不超过国家上年度职工年平均工资的 20 倍。

❹生活费，是指因国家机关及其工作人员违法行使职权侵犯公民的生命健康权，致使公民全部丧失劳动能力，国家对其扶养（或抚养）的无劳动能力的人支付的维持生活的费用。凡被扶养的人是未成年人的，生活费给付至 18 周岁止；其他无劳动能力的人，生活费给付至死亡时止。

注意：只有造成受害人全部丧失劳动能力，才需对其扶养的无劳动能力的人支付生活费。受害人部分丧失劳动能力的，不存在该项费用。

3. 生命权损害赔偿

造成公民死亡的，应当支付死亡赔偿金、丧葬费。死亡赔偿金和丧葬费是一个固定的数额，总额为国家上年度职工年平均工资的 20 倍。对死者生前扶养的无劳动能力的人，还应当支付生活费。

注意："上年度"应为赔偿义务机关作出赔偿决定时的上一年度；复议机关或者法院赔偿委员会维持原赔偿决定的，按照作出原赔偿决定时的上一年度国家职工平均工资标准计算赔偿金确定赔偿金数额；复议机关或者法院赔偿委员会改变原赔偿决定，按照新作出决定时的上一年度国家职工平均工资标准计算赔偿金。

4. 名誉权、荣誉权的精神损害赔偿

精神损害是因人身自由权、健康权、生命权受损害所引发的，只要有人身自由权、健康权、生命权的损害，就有名誉权、荣誉权的损害。精神损害赔偿有两种方式：①为受害人消除影响、恢复名誉、赔礼道歉；②支付精神损害抚慰金。

（1）精神损害严重的认定标准

❶第一种是精神损害严重后果，具体包括：

第一，无罪或者终止追究刑事责任的人被羁押、受害人被非法限制人身自由6个月以上；

第二，受害人经鉴定为轻伤以上或者残疾；

第三，受害人经诊断、鉴定为精神障碍或者精神残疾，且与侵权行为或者违法行政行为存在关联；

第四，受害人名誉、荣誉、家庭、职业、教育等方面遭受严重损害，且与侵权行为或者违法行政行为存在关联。

❷第二种是精神损害特别严重后果，具体包括：

第一，受害人无罪被羁押或者被限制人身自由10年以上；

第二，受害人死亡；

第三，受害人经鉴定为重伤或者残疾一至四级，且生活不能自理；

第四，受害人经诊断、鉴定为严重精神障碍或者精神残疾一至二级，生活不能自理，且与侵权行为或者违法行政行为存在关联。

（2）精神损害抚慰金标准

❶造成严重后果的，精神损害抚慰金一般应当在人身自由赔偿金、生命健康赔偿金总额的50%以下（包括本数）酌定；

❷后果特别严重，或者虽然没有造成特别严重的后果，但是确有证据证明50%以下标准不足以抚慰的，精神损害抚慰金可以在50%以上酌定。

[法条链接]《国家赔偿法》第33~35条；《行政赔偿案件规定》第26条；《最高人民法院关于审理国家赔偿案件确定精神损害赔偿责任适用法律若干问题的解释》第7、8条；《刑事赔偿案件解释》第21条第1款。

（二）财产权损害的赔偿

对于财产权损害的赔偿标准是：只赔偿直接损失，不赔偿间接损失。采取的赔偿方式是：能返还财产的，返还财产；能恢复原状的，恢复原状；不能返还及不能恢复原状的，给予金钱赔偿。

1. 对罚款、罚金、追缴、没收财产或者违法征收、征用财产造成的损害，采取的赔偿方式是返还财产。返还执行的罚款或者罚金、追缴或者没收的金钱，应一并支付银行同期存款利息。

2. 对查封、扣押、冻结财产造成的损害，采取的赔偿方式是恢复原状，解除对财产的查封、扣押、冻结，造成财产损坏或者灭失的，给付相应的赔偿金。解除冻结的存款或者汇款，应一并支付银行同期存款利息。

3. 对已经损坏且不能恢复原状或者已经灭失的财产造成的损害，采取金钱赔偿的方式，按照损害程度给付相应的赔偿金；按照损害发生时该财产的市场价格计算损失；市场价格无法确定，或者该价格不足以弥补损失的，可以采用其他合理方式计算。

4. 对已经拍卖或者变卖的财产造成的损害，采取金钱赔偿的方式。对已拍卖的财产，给付拍卖所得的价款；对已变卖的财产，给付变卖所得的价款。变卖的价款明显低于财产价值的，应当支付相应的赔偿金。

5. 对吊销许可证和执照、责令停产停业造成的损害，采取金钱赔偿的方式，赔偿停产停业期间必要的经常性费用开支。

必要的经常性费用开支，是指法人、其他组织和个体工商户为维系停产停业期间运营所需的基本开支，包括：①必要留守职工的工资；②必须缴纳的税款、社会保险费；③应当缴纳的水电费、保管费、仓储费、承包费；④合理的房屋场地租金、设备租金、设备折旧费；⑤维系停产停业期间运营所需的其他基本开支。

6. 对财产权造成的其他损害，采取金钱赔偿的方式，按照直接损失给予赔偿。直接损失包括：①存款利息、贷款利息、现金利息；②机动车停运期间的营运损失；③通过行政补偿程序依法应当获得的奖励、补贴等；④对财产造成的其他实际损失。

注意1：吊销许可证和执照、责令停产停业的，只赔偿停产停业期间必要的经常性费用开支，不赔偿正常情况下在此期间必定能获得的利益。

注意2：无论是人身损害，还是财产损害，赔偿请求人聘请律师的费用不属于国家赔偿项目。

注意3：违法征收征用土地、房屋的，给予被征收人的行政赔偿，不得少于被征收人依法应当获得的安置补偿权益。

[法条链接]《国家赔偿法》第32、36条；《行政赔偿案件规定》第27~29条。

面批面改 第二部分

案例 1　国家市场监管总局对 ALBB 集团控股有限公司行政处理案

案情：ALBB 集团控股有限公司于 1999 年成立，主营业务包括网络零售平台服务、零售及批发商业、物流服务、生活服务、云计算、数字媒体及娱乐、创新业务等。

根据举报，2020 年 12 月起，国家市场监管总局依据《反垄断法》对 ALBB 集团控股有限公司涉嫌实施滥用市场支配地位行为开展了调查。

2021 年 4 月 6 日，国家市场监管总局按照《行政处罚法》的规定，向 ALBB 集团控股有限公司送达了《行政处罚告知书》，告知其涉嫌违反《反垄断法》的事实、拟作出的行政处罚决定、理由和依据，以及其依法享有陈述、申辩和要求举行听证的权利。当事人放弃陈述、申辩和要求举行听证的权利。

2021 年 4 月 10 日，国家市场监管总局对 ALBB 集团控股有限公司作出行政处罚决定。

经查，ALBB 集团控股有限公司自 2015 年以来，滥用其在中国境内网络零售平台服务市场的支配地位，禁止平台内经营者在其他竞争性平台开店或者参加促销活动，排除、限制了相关市场竞争，侵害了平台内经营者的合法权益，损害了消费者利益，阻碍了平台经济创新发展，且不具有正当理由，构成《反垄断法》第 22 条第 1 款第 4 项的禁止"没有正当理由，限定交易相对人只能与其进行交易"的滥用市场支配地位行为。

根据《反垄断法》第 57、59 条的规定，综合考虑 ALBB 集团控股有限公司违法行为的性质、程度、持续时间和消除违法行为后果的情况，同时考虑当事人能够按照要求深入自查，停止违法行为并积极整改等因素，国家市场监管总局对 ALBB 集团控股有限公司作出如下处罚决定：

（一）责令停止违法行为。

1. 不得限制平台内经营者在其他竞争性平台开展经营；不得限制平台内经营者在其他竞争性平台的促销活动。

2. ALBB 集团控股有限公司应当自收到行政处罚决定书之日起 15 日内，向国家市场监管总局提交改正违法行为情况的报告。

3. 根据《行政处罚法》坚持处罚与教育相结合的原则，国家市场监管总局结合调查过程中发现的问题，制作《行政指导书》，要求当事人从严格落实平台企业主体责任、加强内控合规管理、保护消费者权益等方面出发进行全面整改，依法合规经营。

（二）对ALBB集团控股有限公司处以其2019年度中国境内销售额4557.12亿的4%的罚款，计182.28亿元。

[案例来源：国家市场监督管理总局行政处罚决定书（国市监处〔2021〕28号），案例中的公司为化名]

问题：（共27分）

1. 对"责令停止违法行为"的性质进行分析。（2分）

2. "责令停止违法行为"是否属于行政诉讼受案范围？为什么？（3分）

3. 《行政指导书》是否属于行政诉讼受案范围？为什么？（4分）

4. 若ALBB集团控股有限公司申请听证，根据2021年修订后的《行政处罚法》的规定，国家市场监督管理总局是否应当组织听证？若组织听证，有何要求？（6分）

5. 若ALBB集团控股有限公司对处理决定不服，申请行政复议，如何确定复议申请期限？如何确定复议机关？（4分）

6. 若ALBB集团控股有限公司对处理决定不服，提起行政诉讼前是否应当先申请行政复议？为什么？（4分）

7. 若ALBB集团控股有限公司对处理决定不服，提起行政诉讼，如何确定起诉期限？如何确定管辖法院？（4分）

> **核心考点**
>
> 行政强制措施的概念　行政复议的申请期限、复议机关　复议前置　行政诉讼的受案范围、起诉期限、管辖法院

解题思路

1. 根据《行政处罚法》第 2 条的规定，行政处罚，是指行政机关依法对违反行政管理秩序的公民、法人或者其他组织，以减损权益或者增加义务的方式予以惩戒的行为。行政处罚是对公民、法人或者其他组织违反行政管理秩序的行为给予的处罚，其目的是制裁。根据《行政强制法》第 2 条第 2 款的规定，行政强制措施，是指行政机关在行政管理过程中，为制止违法行为、防止证据损毁、避免危害发生、控制危险扩大等情形，依法对公民的人身自由实施暂时性限制，或者对公民、法人或者其他组织的财物实施暂时性控制的行为。行政强制措施的目的是制止违法行为、防止证据损毁、避免危害发生、控制危险扩大等，预防性和制止性是其本质特点。国家市场监督管理总局针对 ALBB 集团控股有限公司责令停止违法行为，目的在于停止 ALBB 集团控股有限公司的违法行为，符合行政强制措施的目的——制止违法行为。因此，责令停止违法行为不属于行政处罚，而属于行政强制措施。

2. 根据《行政诉讼法》第 12 条第 1 款第 2 项的规定，人民法院受理公民、法人或者其他组织提起的下列诉讼：……②对限制人身自由或者对财产的查封、扣押、冻结等行政强制措施和行政强制执行不服的；……责令停止违法行为作为行政强制措施属于行政诉讼受案范围。

3. 行政指导，是指行政机关在其职责范围内为实现一定行政目的而采取的符合法律精神、原则、规则或政策的指导、劝告、建议等不具有国家强制力的行为。根据《行诉解释》第1条第2款第3项的规定，下列行为不属于人民法院行政诉讼的受案范围：……③行政指导行为；……由于行政指导不具有强制力，对当事人权利义务不产生实际影响，因此不属于行政诉讼受案范围。本案中，《行政指导书》没有强制性和处分性，对ALBB集团控股有限公司的权利义务不产生实际影响，不属于行政诉讼受案范围。

4. 根据2021年修订后的《行政处罚法》第63条第1款第1项的规定，行政机关拟作出下列行政处罚决定，应当告知当事人有要求听证的权利，当事人要求听证的，行政机关应当组织听证：①较大数额罚款；……本案中，国家市场监督管理总局对ALBB集团控股有限公司处以182.28亿元的罚款，属于较大数额罚款，国家市场监督管理总局作出罚款决定前，应当告知ALBB集团控股有限公司有要求听证的权利，若ALBB集团控股有限公司申请听证，国家市场监督管理总局应当组织听证。

根据2021年修订后的《行政处罚法》第64条的规定，听证应当依照以下程序组织：①当事人要求听证的，应当在行政机关告知后5日内提出。②行政机关应当在举行听证的7日前，通知当事人及有关人员听证的时间、地点。③除涉及国家秘密、商业秘密或者个人隐私依法予以保密外，听证公开举行。④听证由行政机关指定的非本案调查人员主持；当事人认为主持人与本案有直接利害关系的，有权申请回避。⑤当事人可以亲自参加听证，也可以委托1至2人代理。⑥当事人及其代理人无正当理由拒不出席听证或者未经许可中途退出听证的，视为放弃听证权利，行政机关终止听证。⑦举行听证时，调查人员提出当事人违法的事实、证据和行政处罚建议，当事人进行申辩和质证。⑧听证应当制作笔录。笔录应当交当事人或者其代理人核对无误后签字或者盖章。当事人或者其代理人拒绝签字或者盖章的，由听证主持人在笔录中注明。根据《行政处罚法》第65条的规定，听证结束后，行政机关应当根据听证笔录，依照《行政处罚法》第57条的规定，作出决定。因此，国家市场监督管理总局组织听证时，应当在举行听证的7日前，通知ALBB集团控股有限公司听证的时间、地点，应当公开举行听证，听证应当由行政机关指定的非本案调查人员主持，应当制作笔录，听证结束后，应当根据听证笔录作出罚款决定。

5. 根据《行政复议法》第9条第1款的规定，公民、法人或者其他组织认为具体行政行为侵犯其合法权益的，可以自知道该具体行政行为之日起60日内提出行政复议申请；但是法律规定的申请期限超过60日的除外。本案中，ALBB集团控股有限公司对行政处罚决定不服，可以自收到行政处罚决定书之日起60日内申请行政复议。

根据《行政复议法》第14条的规定，对国务院部门或者省、自治区、直辖市人民政府的具体行政行为不服的，向作出该具体行政行为的国务院部门或者省、自治区、直辖市人民政府申请行政复议。对行政复议决定不服的，可以向人民法院提起行政诉讼；也可以向国务院申请裁决，国务院依照《行政复议法》的规定作出最终裁决。本案中，作出处罚决定的国家市场监督管理总局属于国务院部门，ALBB集团控股有限公司对行政处罚决定不服申请复议的，应当由国家市场监督管理总局进行自我复议，国家市场监督管理总局是行政复议机关。

6. 根据《反垄断法》第 34 条的规定，经营者集中具有或者可能具有排除、限制竞争效果的，国务院反垄断执法机构应当作出禁止经营者集中的决定。但是，经营者能够证明该集中对竞争产生的有利影响明显大于不利影响，或者符合社会公共利益的，国务院反垄断执法机构可以作出对经营者集中不予禁止的决定。根据《反垄断法》第 35 条的规定，对不予禁止的经营者集中，国务院反垄断执法机构可以决定附加减少集中对竞争产生不利影响的限制性条件。根据《反垄断法》第 65 条的规定，对反垄断执法机构依据《反垄断法》第 34、35 条作出的决定不服的，可以先依法申请行政复议；对行政复议决定不服的，可以依法提起行政诉讼。对反垄断执法机构作出的前述规定以外的决定不服的，可以依法申请行政复议或者提起行政诉讼。

本案中，反垄断执法机构——国家市场监督管理总局作出的处理决定不是《反垄断法》第 34、35 条规定的经营者集中经营的处理决定，根据《反垄断法》第 65 条第 2 款的规定，ALBB 集团控股有限公司可以申请行政复议或者直接提起行政诉讼，不需要复议前置。

7. 根据《行政诉讼法》第 46 条第 1 款的规定，公民、法人或者其他组织直接向人民法院提起诉讼的，应当自知道或者应当知道作出行政行为之日起 6 个月内提出。法律另有规定的除外。本案中，ALBB 集团控股有限公司可以自收到行政处罚决定书之日起 6 个月内，向人民法院提起行政诉讼。

根据《行政诉讼法》第 15 条第 1 项的规定，中级人民法院管辖下列第一审行政案件：①对国务院部门或者县级以上地方人民政府所作的行政行为提起诉讼的案件；……本案的被告为国家市场监督管理总局，级别管辖为中级法院。根据《行政诉讼法》第 18 条第 1 款的规定，行政案件由最初作出行政行为的行政机关所在地人民法院管辖。本案中，国家市场监督管理总局是作出行政处罚决定的机关，地域管辖为国家市场监督管理总局所在地法院。因此，本案的管辖法院为国家市场监督管理总局所在地的中级法院。

答题要点

1. 责令停止违法行为属于行政强制措施。（1 分）国家市场监督管理总局针对 ALBB 集团控股有限公司责令停止违法行为，目的在于停止 ALBB 集团控股有限公司的违法行为，符合行政强制措施的目的——制止违法行为。（1 分）

2. 责令停止违法行为属于行政诉讼受案范围。（1 分）根据《行政诉讼法》第 12 条第 1 款第 2 项的规定，责令停止违法行为作为行政强制措施属于行政诉讼受案范围。（2 分）

3. 《行政指导书》不属于行政诉讼受案范围。（1 分）根据《行诉解释》第 1 条第 2 款第 3 项的规定，《行政指导书》没有强制性和处分性（1 分），对 ALBB 集团控股有限公司的权利义务不产生实际影响（2 分）。

4. 根据 2021 年修订后的《行政处罚法》第 63~65 条的规定，若 ALBB 集团控股有限公司申请听证，国家市场监督管理总局应当组织听证（1 分），应当在举行听证的 7 日前通知 ALBB 集团控股有限公司听证的时间、地点（1 分），应当公开举行听证（1 分），应当由行政机关指定的非本案调查人员主持听证（1 分），应当制作笔录（1 分），应当根据听证笔录作出罚款决定（1 分）。

5. 根据《行政复议法》第 9 条第 1 款的规定，ALBB 集团控股有限公司对行政处罚决定不服，可以自收到行政处罚决定书之日起 60 日内申请行政复议。（2 分）

根据《行政复议法》第14条的规定，作出处罚决定的国家市场监督管理总局属于国务院部门，ALBB集团控股有限公司申请复议，国家市场监督管理总局是行政复议机关。（2分）

6. ALBB集团控股有限公司提起行政诉讼不需要复议前置。（1分）国家市场监督管理总局作出的处理决定不是《反垄断法》第34、35条规定的经营者集中经营的处理决定（1分），根据《反垄断法》第65条第2款的规定，ALBB集团控股有限公司可以直接提起行政诉讼（2分）。

7. 根据《行政诉讼法》第46条第1款的规定，ALBB集团控股有限公司可以自收到行政处罚决定书之日起6个月内提起行政诉讼。（2分）

根据《行政诉讼法》第15条第1项和第18条第1款的规定，被告为国家市场监督管理总局，级别管辖为中级法院，地域管辖为国家市场监督管理总局所在地法院。本案的管辖法院为国家市场监督管理总局所在地的中级法院。（2分）

案例 2 李一山等诉柳阳市政府侵犯客运人力三轮车经营权案

案情： 1994年12月12日，西蜀省柳阳市人民政府（以下简称"柳阳市政府"）以通告的形式，对本市区范围内客运人力三轮车实行限额管理。1996年8月，柳阳市政府对人力客运老年车改型为人力客运三轮车（240辆）的经营者每人收取了有偿使用费3500元。

1996年11月，柳阳市政府对原有的161辆客运人力三轮车经营者每人收取了有偿使用费2000元。从1996年11月开始，柳阳市政府开始实行经营权的有偿使用，有关部门也对限额的401辆客运人力三轮车收取了相关的规费。

1999年7月15日、7月28日，柳阳市政府针对有偿使用期限已届满2年的客运人力三轮车，发布《关于整顿城区小型车辆营运秩序的公告》（以下简称《公告》）和《关于整顿城区小型车辆营运秩序的补充公告》（以下简称《补充公告》）。其中，《公告》要求"原已具有合法证照的客运人力三轮车经营者必须在1999年7月19日至7月20日到市交警大队办公室重新登记"，《补充公告》要求"经审查，取得经营权的登记者，每辆车按8000元的标准（符合《公告》第6条规定的每辆车按7200元的标准）交纳经营权有偿使用费"。

李一山等182名客运人力三轮车经营者认为柳阳市政府作出的《公告》第6条和《补充公告》第2条的规定形成重复收费，侵犯其合法经营权，向西蜀省柳阳市人民法院提起行政诉讼，要求判决撤销柳阳市政府作出的上述《公告》和《补充公告》。

1999年11月9日，西蜀省柳阳市人民法院依照《行政诉讼法》第54条第1项（现为第69条）之规定，以（1999）柳行初字第36号判决维持市政府1999年7月15日、1999年7月28日作出的行政行为。李一山等不服提起上诉。

2000年3月2日，西蜀省淮阳地区中级人民法院以（2000）淮行终字第6号行政判决驳回上诉，维持原判。

2001年6月13日，西蜀省高级人民法院以（2001）蜀行监字第1号行政裁定指令西蜀省淮阳市（原淮阳地区）中级人民法院进行再审。

2001年11月3日，西蜀省淮阳市中级人民法院以（2001）淮行再终字第1号判决撤销原一审、二审判决，驳回原审原告的诉讼请求。

李一山等不服，向西蜀省高级人民法院提出申诉。2002年7月11日，西蜀省高级人民法院作出（2002）蜀行监字第4号驳回再审申请通知书。

李一山等不服，向最高人民法院申请再审。2016年3月23日，最高人民法院裁定提审本案。

（案例来源：最高人民法院指导案例88号，案例中的人名、地名均为化名）

材料一：《西蜀省道路运输管理条例》第4条规定，县级以上人民政府负责制定本行政区域内道路运输发展规划。各级交通行政主管部门根据道路运输发展规划负责本行政区域内营业性车辆类型的调整、数量的投放、客货运输站点和车辆维修网点的布局等道路运输管理工作。客货运输站点和车辆维修网点的建设应当符合城市或村镇规划。

《西蜀省道路运输管理条例》第24条规定，经县级以上人民政府批准，客运经营权可以实行有偿使用。有偿使用所得纳入当地财政专项储存，专款用于道路运输基础设施建设。

材料二：西蜀省交通厅制定的《西蜀省小型车辆客运管理规定》（蜀交运〔1994〕359号）第8条规定，各市、地、州运管部门对小型客运车辆实行额度管理时，经当地政府批准可采用营运证有偿使用的办法，但有偿使用期限一次不得超过2年。

材料三：柳阳市政府作出《公告》和《补充公告》之后，柳阳市城区交通秩序得到好转，城市道路运行能力得到提高，城区市容市貌持续改善，以及通过两次退市营运的运力配置方案"惠民"行动，原401辆三轮车中的绝大多数已经分批次完成置换。

问题：（共27分）

1. 请分析《公告》和《补充公告》中客运人力三轮车经营者登记的法律性质。（4分）
2. 《公告》和《补充公告》是否属于行政诉讼受案范围？为什么？（4分）
3. 《公告》和《补充公告》是否合法？为什么？（5分）
4. 客运人力三轮车经营权是否应当具有期限限制？为什么？（4分）
5. 退市营运的运力配置方案"惠民"政策能否认定《公告》和《补充公告》合法？为什么？（5分）
6. 法院对《公告》和《补充公告》如何判决？（5分）

> **核心考点**
>
> 行政许可行为及其合法性　行政诉讼的受案范围与判决

解题思路

1. 行政许可的概念

根据《行政许可法》第 2 条的规定，行政许可是行政机关根据公民、法人或者其他组织的申请，经依法审查，准予其从事特定活动的行为。根据《行政许可法》第 12 条第 2 项的规定，下列事项可以设定行政许可：……②有限自然资源开发利用、公共资源配置以及直接关系公共利益的特定行业的市场准入等，需要赋予特定权利的事项；……客运人力三轮车经营涉及公共资源配置的市场准入，《公告》中要求客运人力三轮车经营者必须登记，《补充公告》中明确：经审查，取得经营权的登记者要交纳经营权有偿使用费。对客运人力三轮车经营者进行登记，实际上是确定客运人力三轮车经营者的市场准入，只有经审查取得经营权的登记者才能从事客运人力三轮车经营。因此，《公告》和《补充公告》中客运人力三轮车经营者登记属于行政许可行为。

《公告》和《补充公告》中涉及的客运人力三轮车经营者登记不属于行政确认。行政确认是指行政机关对相对人的法律关系、法律事实或者法律地位给予确定、认可、证明的具体行政行为。行政许可与行政确认的区别：①对象不同。行政许可一般是使相对人获得某种行为的权利或者从事某种活动的资格；行政确认则仅仅是确认相对人的法律地位、权利义务和法律事实等。②法律效果不同。行政许可是允许被许可人今后可以进行某种行为或活动，其法律效果具有后及性，没有前溯性；而行政确认是对相对人既有的身份、能力、权利、事实的确定和认可，其法律效果具有前溯性。

2.《公告》和《补充公告》是具体行政行为，不是抽象行政行为，属于行政诉讼受案范围。本质上，具体行政行为是处理具体事项的行为，抽象行政行为是制定规则的行为。区分具体行政行为和抽象行政行为的标准是行为对象是否特定。本案中，《公告》要求"原已具有合法证照的客运人力三轮车经营者必须在 1999 年 7 月 19 日至 7 月 20 日到市交警大队办公室重新登记"，《补充公告》要求"经审查，取得经营权的登记者，每辆车按 8000 元的标准（符合《公告》第 6 条规定的每辆车按 7200 元的标准）交纳经营权有偿使用费"。《公告》和《补充公告》的行为对象是特定的，是对李一山等 182 名客运人力三轮车经营者的权利义务进行具体处理，因此《公告》和《补充公告》作为具体行政行为，属于行政诉讼受案范围。

3. 从法律适用上看，《西蜀省道路运输管理条例》第 4 条规定"各级交通行政主管部门负责本行政区域内营业性车辆类型的调整、数量的投放"和第 24 条规定"经县级以上人民政府批准，客运经营权可以实行有偿使用"。西蜀省交通厅制定的《西蜀省小型车辆客运管理规定》（蜀交运〔1994〕359 号）第 8 条规定："各市、地、州运管部门对小型客运车辆实行额度管理时，经当地政府批准可采用营运证有偿使用的办法，但有偿使用期限一次不得超过 2 年。"可见，西蜀省地方性法规已经明确规定对客运经营权可以实行有偿使用。西蜀省交通厅制定规范性文件的时间虽然早于地方性法规，但该规范性文件对营运证实行有期限有偿使用与地方性法规并不冲突。基于行政执法和行政管理需要，客运经营权也需要设定一定的期限。《公告》和《补充公告》的内容是对原已具有合法证照的客运人力三轮车经营者实行重新登记，经审查合格者支付有偿使用费，逾期未登记者自动弃权的措施。《公告》和《补充公告》是对既有的已经取得合法证照的客运人力三轮车经营者收取有偿使用费，而上述客运人力三轮车经营者的权利是在 1996 年通过经营权许可取得的。前后两个行政行为之间存在承继和连接关系。对于 1996 年的经营权许可行为，行政机关作出行政许可等授益性行政行为时，应当明确告知行政许可的期限。行政机关在作出行政许可时，行政相对人也有权知晓行政许可的期限。行政机关在 1996 年实施人力客运三轮车经营权许可之时，未告知李一山等人人力客运三轮车 2 年的经营权有偿使用期限。李一山等人并不知道其经营权有偿使用的期限。柳阳市政府 1996 年的经营权许可在程序上存在明显不当，直接导致与其存在前后承继关系的《公告》和《补充公告》的程序明显不当，《公告》和《补充公告》存在程序违法。

4. 李一山等人主张，因柳阳市政府在 1996 年实施人力客运三轮车经营权许可时未告知许可期限，故其据此认为经营许可是无期限的。但柳阳市政府实施人力客运三轮车经营权许可，目的在于规范人力客运三轮车经营秩序。人力客运三轮车是涉及公共利益的公共资源配置方式，设定一定的期限是必要的。客观上，西蜀省交通厅制定的《西蜀省小型车辆客运管理规定》（蜀交运〔1994〕359 号）也明确了许可期限。柳阳市政府没有告知许可期限，存在程序上的瑕疵，但李一山等人仅以此认为行政许可没有期限限制不成立。

5. 柳阳市政府根据当地实际存在的道路严重超负荷、空气和噪声污染严重、"脏、乱、差"、"挤、堵、窄"等问题进行整治，符合城市管理的需要，符合人民群众的意愿，其正当性应予肯定。柳阳市政府为了解决本案诉讼遗留的信访问题，先后作出两次"惠民"行动，为实质性化解行政诉讼争议作出了积极的努力，其后续行为有其积极意义。李一山等人接受退市营运的运力配置方案并作出承诺，李一山等人实际享受"惠民"政策。但是，行政机关在作出行政行为时必须恪守依法行政的原则，确保行政权力依照法定程序行使，并不能因为李一山等人实际享受"惠民"政策而认定《公告》和《补充公告》合法。

6. 柳阳市政府作出《公告》和《补充公告》在行政程序上存在瑕疵，属于明显不当，构成违法。但是，《公告》和《补充公告》作出之后，柳阳市城区交通秩序得到好转，城市道路运行能力得到提高，城区市容市貌持续改善，以及通过两次"惠民"行动，原401辆三轮车中的绝大多数已经分批次完成置换，如果判决撤销《公告》和《补充公告》，将会给行政管理秩序和社会公共利益带来明显不利影响。根据《行政诉讼法》第74条第1款的规定，行政行为有下列情形之一的，人民法院判决确认违法，但不撤销行政行为：①行政行为依法应当撤销，但撤销会给国家利益、社会公共利益造成重大损害的；②行政行为程序轻微违法，但对原告权利不产生实际影响的。因此，法院应当判决确认《公告》和《补充公告》违法。

答题要点

1. 根据《行政许可法》第2条和第12条第2项的规定，《公告》和《补充公告》中客运人力三轮车经营涉及公共资源配置的市场准入，对客运人力三轮车经营者进行登记是确定客运人力三轮车经营者的市场准入。（2分）因此，《公告》和《补充公告》中客运人力三轮车经营者登记属于行政许可行为。（2分）

2. 《公告》和《补充公告》是具体行政行为，不是抽象行政行为，属于行政诉讼受案范围。（2分）《公告》和《补充公告》的行为对象是特定的，是对李一山等182名客运人力三轮车经营者的权利义务进行具体处理。（2分）

3. 不合法。（1分）《公告》和《补充公告》是对既有的已经取得合法证照的客运人力三轮车经营者收取有偿使用费。（1分）行政机关在1996年实施人力客运三轮车经营权许可之时，未告知李一山等人人力客运三轮车2年的经营权有偿使用期限（1分），与其存在前后承继关系的《公告》和《补充公告》就存在程序明显不当，《公告》和《补充公告》存在程序违法（2分）。

4. 人力客运三轮车是涉及公共利益的公共资源配置方式，设定一定的期限是必要的。（2分）西蜀省交通厅制定的《西蜀省小型车辆客运管理规定》也明确了许可期限。柳阳市政府虽然没有告知许可期限，存在程序上的瑕疵，但并不能认为行政许可没有期限限制。（2分）

5. 不能。（1分）柳阳市政府作出两次"惠民"行动，为实质性化解行政诉讼争议作出了积极的努力，其后续行为有其积极意义。（2分）但是，行政机关在作出行政行为时必须恪守依法行政的原则，并不能因为李一山等人实际享受"惠民"政策而认定《公告》和《补充公告》合法。（2分）

6. 柳阳市政府作出《公告》和《补充公告》在行政程序上存在瑕疵，属于明显不当，构成违法。（2分）但是，判决撤销《公告》和《补充公告》将会给行政管理秩序和社会公共利益带来明显不利影响。（1分）根据《行政诉讼法》第74条第1款的规定，法院应当判决确认《公告》和《补充公告》违法。（2分）

案例 3 叶某诉某县政府房屋行政强制案

案情： 某市下辖的某县政府规划建设有色金属循环经济产业基地，需要征收某村民委员会某村民小组的部分土地。叶某房屋所占土地在被征收土地范围之内，属于未经乡镇规划批准和领取土地使用证的"两违"建筑物。

2011年8月至2015年7月间，某县政府先后在被征收土地的村民委员会、村民小组张贴《关于在全县范围内禁止抢种抢建的通告》《关于对某村部分土地征收通告》《关于责令停止某村一切违建行为的告知书》等文书，以调查笔录等形式告知叶某房屋所占土地是违法用地。

2015年6月，某县国土资源局发出《要求叶某停止土地违法行为通知》，要求叶某停止土地违法行为。2015年7月12日凌晨5时许，在未发强行拆除通知、未予公告的情况下，某县政府组织执法人员对叶某房屋实施强制拆除。

叶某遂向法院提起行政诉讼，请求撤销县政府强制拆除行为。法院受理案件。在法院审理过程中叶某要求执法人员承担赔偿责任。

（案例来源：最高人民法院发布全国法院征收拆迁十大典型案例之九）

问题：（共28分）

1. 对《关于在全县范围内禁止抢种抢建的通告》《关于对某村部分土地征收通告》《关于责令停止某村一切违建行为的告知书》的行为性质进行分析。（6分）

2. 对叶某房屋实施强制拆除，县政府是否应当申请人民法院强制执行？为什么？（4分）

3. 某县政府在2015年7月12日凌晨5时强制拆除叶某房屋的行为，是否违反《行政强制法》的时间要求？为什么？（3分）

4. 县政府组织人员对叶某房屋实施强制拆除是否合法？为什么？（5分）

5. 如何确定本案的管辖法院？（4分）

6. 某县国土资源局发出《要求叶某停止土地违法行为通知》是否属于法院审理裁判对象？为什么？（3分）

7. 法院应当适用何种判决？请说明理由。（3分）

> **核心考点**
>
> 行政行为性质的判断　行政强制措施与行政强制执行的程序　行政诉讼的管辖法院、审理对象和判决　行政赔偿与行政追偿的关系

解题思路

1. 具体行政行为是对特定人或者特定事项的一次性处理，处理的个别性是具体行政行为区别于抽象行政行为的主要标志。抽象行政行为是为不特定事项和不特定人安排的，可以反复适用的普遍性规则，主要包括行政法规、行政规章和其他规范性文件。《关于在全县范围内禁止抢种抢建的通告》是针对全县范围内不特定对象实施的行为，是抽象行政行为，属于行政规范性文件。《关于对某村部分土地征收通告》《关于责令停止某村一切违建行为的告知书》是对特定对象作出的权利义务具体处理，都是具体行政行为。《关于对某村部分土地征收通告》是对土地使用权的征收，属于行政征收行为。《关于责令停止某村一切违建行为的告知书》是对违法行为的制止，其目的具有制止性，属于行政强制措施。

2. 根据《行政强制法》第44条的规定，对违法的建筑物、构筑物、设施等需要强制拆除的，应当由行政机关予以公告，限期当事人自行拆除。当事人在法定期限内不申请行政复议或者提起行政诉讼，又不拆除的，行政机关可以依法强制拆除。根据该规定，对违法的建筑物，行政机关具有强制执行权，可以依法强制拆除。本案中，叶某房屋属于未经乡镇规划批准和领取土地使用证的"两违"建筑物，应当由行政机关予以公告，限期当事人自行拆除。叶某在法定期限内不申请行政复议或者提起行政诉讼，又不拆除的，县政府无须申请人民法院强制执行，可以自行强制拆除。

3. 根据《行政强制法》第43条第1款的规定，行政机关不得在夜间或者法定节假日实施行政强制执行。但是，情况紧急的除外。由此可知，行政机关原则上不得在夜间实施行政强制执行，情况紧急的除外。本案中，2015年7月12日凌晨5时许，在未发强行拆除通知、未予公告的情况下，某县政府组织执法人员对叶某房屋实施强制拆除。通常认为夜间指20时至次日8时，凌晨5时属于法律规定的"夜间"。另外，本案又不存在情况紧急的情形。因此某县政府在2015年7月12日凌晨5时强制拆除叶某房屋的行为违反了《行政强制法》。

4. 根据《行政强制法》第34条的规定，行政机关依法作出行政决定后，当事人在行政机关决定的期限内不履行义务的，具有行政强制执行权的行政机关依照本章规定强制执行。根据《行政强制法》第44条的规定，对违法的建筑物、构筑物、设施等需要强制拆除的，应当由行政机关予以公告，限期当事人自行拆除。当事人在法定期限内不申请行政复议或者提起行政诉讼，又不拆除的，行政机关可以依法强制拆除。本案中，虽然叶某房屋属于违法建筑，但县政府在2015年7月12日凌晨，即夜间对叶某房屋强制拆除，强制拆除前未向叶某发出强制拆除通知，未向强拆房屋所在地的村民委员会、村民小组张贴公告限期叶某自行拆除，违反了《行政强制法》第34、44条的程序规定。

5. 叶某向法院提起行政诉讼请求撤销县政府强制拆除行为，本案的被告为某县政府。从级别管辖看，根据《行政诉讼法》第15条第1项的规定，中级人民法院管辖下列第一审行政案件：①对国务院部门或者县级以上地方人民政府所作的行政行为提起诉讼的案件；……本案被告为县政府，属于法律规定的县级以上地方政府，应由中级人民法院管辖。从地域管辖看，根据《行政诉讼法》第18条第1款的规定，行政案件由最初作出行政行为的行政机关所在地人民法院管辖。经复议的案件，也可以由复议机关所在地人民法院管辖。本案不涉及特殊地域管辖，因此应由县政府所在地法院管辖。故本案由县政府所在地的中级法院——某市中级法院管辖。

6. 司法诉讼中的不告不理，是指没有原告的起诉，法院就不能进行审判。具体包括两层含义：①没有原告的起诉，法院不得启动审判程序，即原告的起诉是法院启动审判程序的先决条件；②法院审判的范围应与原告起诉的范围相一致，法院不得对原告未提出诉讼请求的事项进行审判。本案中，叶某向法院提起行政诉讼，请求撤销县政府强制拆除行为。根据不告不理原则，某县国土资源局发出的《要求叶某停止土地违法行为通知》不属于法院审理对象，某县政府强制拆除行为属于法院审理裁判对象。

7. 根据《行政诉讼法》第70条的规定，行政行为有下列情形之一的，人民法院判决撤销或者部分撤销，并可以判决被告重新作出行政行为：……③违反法定程序的；……《行政诉讼法》第 74 条第 2 款规定，行政行为有下列情形之一，不需要撤销或者判决履行的，人民法院判决确认违法：①行政行为违法，但不具有可撤销内容的；②被告改变原违法行政行为，原告仍要求确认原行政行为违法的；③被告不履行或者拖延履行法定职责，判决履行没有意义的。本案中，叶某向法院提起行政诉讼，请求撤销县政府强制拆除行为。县政府强制拆除叶某房屋的行为程序严重违法，法院应判决撤销，但因叶某房屋已被强制拆除，不具有可撤销内容，法院应当判决确认县政府强制拆除叶某房屋的行为违法。

答题要点

1. 《关于在全县范围内禁止抢种抢建的通告》是针对全县范围内不特定对象实施的行为，是抽象行政行为，属于行政规范性文件。（2分）《关于对某村部分土地征收通告》《关于责令停止某村一切违建行为的告知书》是对特定对象作出的权利义务具体处理，都是具体行政行为。（2分）《关于对某村部分土地征收通告》是对土地使用权的征收，属于行政征收行为。（1分）《关于责令停止某村一切违建行为的告知书》是对违法行为的制止，属于行政强制措施。（1分）

2. 县政府无须申请人民法院强制执行。（1分）叶某房屋属于未经乡镇规划批准和领取土地使用证的"两违"建筑物（2分），根据《行政强制法》第 44 条的规定，县政府可以自行强制执行（1分）。

3. 违反。（1分）根据《行政强制法》第 43 条第 1 款的规定，行政机关不得在夜间实施行政强制执行，某县政府在 2015 年 7 月 12 日凌晨 5 时强制拆除叶某房屋的行为违反了《行政强制法》。（2分）

4. 不合法。（1分）虽然叶某房屋属于违法建筑，但县政府在 2015 年 7 月 12 日凌晨对叶某房屋强制拆除（1分），强制拆除前未向叶某发出强制拆除通知（1分），未向强拆房屋所在地的村民委员会、村民小组张贴公告限期叶某自行拆除（1分），违反了《行政强制法》第 34、44 条的规定，县政府组织人员对叶某房屋强制拆除存在严重程序违法（1分）。

5. 叶某向法院提起行政诉讼请求撤销县政府强制拆除行为，本案的被告为某县政府。（1分）关于本案的地域管辖，根据《行政诉讼法》第 18 条第 1 款的规定，由县政府所在地法院管辖。（1分）关于本案的级别管辖，根据《行政诉讼法》第 15 条第 1 项的规定，某县政府属于县级以上地方政府，本案应由中级人民法院管辖。（1分）因此，本案由县政府所在地的中级法院——某市中级法院管辖。（1分）

6. 根据不告不理原则，某县国土资源局发出《要求叶某停止土地违法行为通知》不属于法院审理对象。（1分）由于叶某向法院提起行政诉讼，请求撤销某县政府强制拆除行为，某县政府强制拆除行为属于法院审理裁判对象。（2分）

7. 法院应当适用确认违法判决。（1分）根据《行政诉讼法》第 70、74 条的规定，行政行为违反法定程序的，法院判决撤销，但不具有可撤销内容的，法院判决确认违法。（1分）本案中县政府强制拆除叶某房屋程序严重违法，法院判决撤销，但叶某房屋已被强制拆除，不具有可撤销内容，法院应当判决确认县政府强制拆除叶某房屋的行为违法。（1分）

案例 4　某县国土资源局申请法院执行行政决定案

案情：某混凝土有限公司于2013年10月向某县发展和改革局申请立项。

2014年某混凝土有限公司在进行建设项目选址申请过程中取得了消防部门、国防部门、电力部门签署的同意意见。规划部门与国土部门也在某县政府核准（备案）的企业投资项目申请表上签署了同意选址意见；环保部门、水土保持部门、行业主管部门签署了同意立项的意见。2014年1月13日，某县人民政府下发了《某县2013~2018年预拌混凝土站行业发展规划》。同年3月24日，某县经济和信息化局就关于同意某混凝土有限公司申请准入作出批复（批复1）。同年6月3日，某县雨山铺镇人民政府与某混凝土有限公司签订招商合同书。同年6月30日，某县发展和改革局对某混凝土有限公司的申请立项准予备案。同年9月26日，某县环境保护局就关于某混凝土有限公司年产26万立方米商品混凝土生产线建设项目环境影响报告表作出批复（批复2）。同年10月27日，某省人民政府就某县野塘搅拌站建设项目农用地转用予以批准。同年11月27日，某市国土资源局对某混凝土搅拌站建设项目用地作出同意通过用地预审。同年12月4日，某县住房和城乡建设局就关于某混凝土搅拌站初步设计作出批复（批复3）。同年12月8日，某县水土保持局就关于某混凝土搅拌站建设项目水土保持方案报告表作出批复（批复4）。

2016年12月6日，某县国土资源局与某县桃洪镇野塘村村委会签订《征收土地协议书》，该协议确定的补偿金额共计445 680元。

2017年3月8日，某混凝土搅拌站建设项目的征转土地项目会签单完成会签。该单显示某混凝土有限公司已经缴纳了审批费用共计735 612元，其中包括征地拆迁补偿费445 680元。同年3月13日，某混凝土有限公司申请地某县桃洪镇野塘搅拌站建设项目出让成本核算审批完成。同年6月13日，某县国土资源局对某混凝土有限公司占用某县桃洪镇野塘村的农用地建搅拌站进行了立案查处并下达了《责令停止国土资源违法行为通知书》。同年9月18日下达了《国土资源行政处罚告知书》。同年9月27日，某县国土资源局对某混凝土有限公司作出了［2017］262号《行政处罚决定书》，处罚主文为：①退回非法占用的土地；②没收在非法占用土地上新建的建筑物和其他设施；③罚款29 712元整。

2018年6月12日，某县国土资源局向某混凝土有限公司进行了处罚催告并予以送达后，向法院申请强制执行。

（案例来源：湖南省高级人民法院发布的2018年湖南省十大典型行政案例之七）

问题：（共28分）

1. 请对2014年某县相关政府部门批复1、批复2、批复3、批复4的行为性质进行分析。县政府能否组织相关政府部门统一办理？请说明理由。（5分）

2. 某县国土资源局与某县桃洪镇野塘村村委会签订《征收土地协议书》后，若某县

国土资源局只支付一半补偿金额,某县桃洪镇野塘村村委会能否提起行政诉讼?为什么?(4分)

3. 某县国土资源局能否对262号《行政处罚决定书》进行强制执行?如果能,某县国土资源局采取何种执行措施?(4分)

4. 若某混凝土有限公司对某县国土资源局9月18日下达《国土资源行政处罚告知书》提起行政诉讼,法院是否受理?为什么?(4分)

5. 某县国土资源局在2018年6月12日向法院申请强制执行是否符合期限规定?为什么?(4分)

6. 某县国土资源局向法院申请强制执行时是否需要缴纳申请费?为什么?(3分)

7. 本案中某县国土资源局向法院申请强制执行,由哪个法院受理?请说明理由。(4分)

核心考点

行政许可的性质、实施主体　行政强制措施的性质　行政强制执行的种类、程序　行政诉讼的受案范围

解题思路

1. 根据《行政许可法》第 2 条的规定，《行政许可法》所称行政许可，是指行政机关根据公民、法人或者其他组织的申请，经依法审查，准予其从事特定活动的行为。本案中，某县经济和信息化局就关于同意某混凝土有限公司申请准入作出批复（批复1），某县环境保护局就关于某混凝土有限公司年产 26 万立方米商品混凝土生产线建设项目环境影响报告表作出批复（批复2），某县住房和城乡建设局就关于某混凝土搅拌站初步设计作出批复（批复3），某县水土保持局就关于某混凝土搅拌站建设项目水土保持方案报告表作出批复（批复4），这四个批复是某县相关政府部门准予某混凝土有限公司建设项目的审查批准行为。故批复1、批复2、批复3、批复4 的行为是行政许可行为。

根据《行政许可法》第 26 条第 2 款的规定，行政许可依法由地方人民政府两个以上部门分别实施的，本级人民政府可以确定一个部门受理行政许可申请并转告有关部门分别提出意见后统一办理，或者组织有关部门联合办理、集中办理。本案中，批复1涉及某县经济和信息化局、批复2涉及某县环境保护局、批复3涉及某县住房和城乡建设局、批复4涉及某县水土保持局，县政府可以确定上述四个部门中的一个部门受理行政许可申请并转告其他三个部门分别提出意见后统一办理，或者组织上述四个部门联合办理、集中办理，通过统一办理、联合办理或集中办理的方式实现高效便民。

2. 根据《行政诉讼法》第 12 条第 1 款的规定，人民法院受理公民、法人或者其他组织提起的下列诉讼：……⑪认为行政机关不依法履行、未按照约定履行或者违法变更、解除政府特许经营协议、土地房屋征收补偿协议等协议的；……《行政协议案件规定》第 2 条规定，公民、法人或者其他组织就下列行政协议提起行政诉讼的，人民法院应当依法受理：①政府特许经营协议；②土地、房屋等征收征用补偿协议；③矿业权等国有自然资源使用权出让协议；④政府投资的保障性住房的租赁、买卖等协议；⑤符合《行政协议案件规定》第 1 条规定的政府与社会资本合作协议；⑥其他行政协议。本案中，某县国土资源局与某县桃洪镇野塘村村委会签订的《征收土地协议书》属于行政协议中的土地、房屋等征收征用补偿协议，某县国土资源局只支付一半补偿金额，属于不依法履行行政协议的行为，某县桃洪镇野塘村村委会有权以此为由提起行政诉讼，属于行政诉讼的受案范围。

3. 根据《行政处罚法》第 72 条第 1 款的规定，当事人逾期不履行行政处罚决定的，作出行政处罚决定的行政机关可以采取下列措施：①到期不缴纳罚款的，每日按罚款数额的 3% 加处罚款，加处罚款的数额不得超出罚款的数额；……本案中某县国土资源局对某混凝土有限公司作出了［2017］262 号《行政处罚决定书》，处罚主文为：①退回非法占用的土地；②没收在非法占用土地上新建的建筑物和其他设施；③罚款 29 712 元整。因此，某混凝土有限公司到期不履行 262 号《行政处罚决定书》中的 29 712 元罚款的，某县国土资源局可以采取每日按罚款数额的 3% 加处罚款的间接强制执行措施。

4. 根据《行诉解释》第 1 条第 2 款的规定，下列行为不属于人民法院行政诉讼的受案范围：……⑥行政机关为作出行政行为而实施的准备、论证、研究、层报、咨询等过程性行为；……本案中，某县国土资源局下达的《国土资源行政处罚告知书》没有对某混凝土有限公司的权利义务产生实际影响，是某县国土资源局为作出［2017］262 号《行政处罚决定书》的过程性行为，因而不属于行政诉讼的受案范围，法院不应受理某混凝土有限公司对该行为提起的行政诉讼。

5. 根据《行政诉讼法》第 46 条第 1 款的规定，公民、法人或者其他组织直接向人民法院提起诉讼的，应当自知道或者应当知道作出行政行为之日起 6 个月内提出。法律另有规定的除外。《行诉解释》第 156 条规定，没有强制执行权的行政机关申请人民法院强制执行其行政行为，应当自被执行人的法定起诉期限届满之日起 3 个月内提出。逾期申请的，除有正当理由外，人民法院不予受理。本案中，2017 年 9 月 27 日，某县国土资源局对某混凝土有限公司作出了［2017］262 号《行政处罚决定书》，自 2017 年 9 月 27 日起的 6 个月内是某混凝土有限公司的起诉期限，自 2018 年 3 月 27 日起的 3 个月内是某县国土资源局向法院申请执行的期限，某县国土资源局 2018 年 6 月 12 日向法院申请强制执行符合期限规定。

6. 根据《行政强制法》第 60 条第 1 款的规定，行政机关申请人民法院强制执行，不缴纳申请费。强制执行的费用由被执行人承担。本案中，根据《行政强制法》的规定，某县国土资源局申请人民法院强制执行不缴纳申请费，强制执行的费用由某混凝土有限公司承担。

7. 根据《行诉解释》第 157 条第 1 款的规定，行政机关申请人民法院强制执行其行政行为的，由申请人所在地的基层人民法院受理；执行对象为不动产的，由不动产所在地的基层人民法院受理。本案中，某县国土资源局无强制执行权，应向法院申请强制执行，根据《行诉解释》的规定，应由申请人所在地的基层人民法院受理，即某县国土资源局所在地的基层法院——县法院受理。

> **答题要点**

1. 某县相关政府部门批复 1、批复 2、批复 3、批复 4 是准予某混凝土有限公司建设项目审查批准行为。（1分）根据《行政许可法》第 2 条的规定，属于行政许可行为。（1分）

县政府可以组织相关政府部门统一办理。（1分）批复 1 涉及某县经济和信息化局，批复 2 涉及某县环境保护局，批复 3 涉及某县住房和城乡建设局，批复 4 涉及某县水土保持局。（1分）根据《行政许可法》第 26 条第 2 款的规定，县政府可以确定一个部门受理行政许可申请并转告有关部门分别提出意见后统一办理。（1分）

2. 能提起行政诉讼。（1分）某县国土资源局与某县桃洪镇野塘村村委会签订的《征收土地协议书》属于行政协议。（1分）根据《行政诉讼法》第 12 条第 1 款第 11 项的规定，某县国土资源局只支付一半补偿金额属于不依法履行行政协议，某县桃洪镇野塘村村委会有权提起行政诉讼。（2分）

3. 某混凝土有限公司到期不履行 262 号《行政处罚决定书》中的罚款的，某县国土资源局能采取强制执行措施。（1分）根据《行政处罚法》第 72 条第 1 款第 1 项的规定，某县国土资源局可以采取每日按罚款数额的 3% 加处罚款的间接强制执行措施。（3分）

4. 《国土资源行政处罚告知书》是某县国土资源局作出［2017］262 号《行政处罚决定书》的过程性行为（2分），根据《行诉解释》第 1 条第 2 款的规定，不属于行政诉讼的受案范围，法院不受理某混凝土有限公司对该行为提起的行政诉讼（2分）。

5. 2017 年 9 月 27 日某县国土资源局对某混凝土有限公司作出《行政处罚决定书》，根据《行政诉讼法》第 46 条第 1 款的规定，自 2017 年 9 月 27 日起的 6 个月内是某混凝土有限公司的起诉期限（2分），根据《行诉解释》第 156 条的规定，自 2018 年 3 月 27 日起的 3 个月内是某县国土资源局向法院申请执行的期限，某县国土资源局在 2018 年 6 月 12 日向法院申请强制执行符合期限规定（2分）。

6. 根据《行政强制法》第 60 条第 1 款的规定，某县国土资源局申请人民法院强制执行不缴纳申请费（2分），强制执行的费用由某混凝土有限公司承担（1分）。

7. 根据《行诉解释》第 157 条第 1 款的规定，某县国土资源局申请法院强制执行的，由某县国土资源局所在地（2分）的基层法院（2分）——县法院受理。

案例 5 李某诉某省交通厅政府信息公开案

案情：6月1日李某通过省政府公众网络系统向某省交通厅递交了政府信息公开申请，申请公开某长途客运汽车站经营资质、客运里程数、注册资本、法定代表人、股东人数等信息。当日，政府公众网络系统对申请予以确认，并通过短信通知李某确认该政府信息公开申请提交成功。由于省交通厅办公网与省政府公众网络系统物理隔离，省政府公众网络系统的申请需要通过网闸以数据"摆渡"方式接入省交通厅办公网办理，因此省交通厅工作人员未能立即发现李某在省政府公众网络系统中提交的申请，7月28日向李某确认收到申请并发出了《受理回执》。随后省交通厅要求李某提供身份证明材料，李某提供身份证复印件。8月4日省交通厅以申请公开的内容涉及某长途客运汽车站商业秘密为由拒绝公开，并向李某送达《政府信息公开答复书》。8月14日李某向法院提起行政诉讼。法院受理案件后审理认为，李某申请公开信息的部分内容涉及某长途客运汽车站商业秘密。

（案例来源：最高人民法院指导案例26号）

问题：（共28分）

1. 李某通过省政府公众网络系统申请政府信息公开是否符合法律规定？为什么？（4分）

2. 省交通厅的《政府信息公开答复书》是否超出法定期限？为什么？（4分）

3. 省交通厅要求李某提供有效身份证件是否符合法律规定？为什么？（4分）

4. 省交通厅认为李某申请公开的信息涉及某长途客运汽车站商业秘密的，应当如何处理？（4分）

5. 省交通厅能否向李某收取信息处理费？为什么？（4分）

6. 法院能否公开审理此案？为什么？（4分）

7. 法院如何判决此案？（4分）

> **核心考点**
> 政府信息公开的申请与处理　政府信息公开诉讼的审理方式与判决

解题思路

1. 根据《政府信息公开条例》第29条第1款的规定，公民、法人或者其他组织申请获取政府信息的，应当向行政机关的政府信息公开工作机构提出，并采用包括信件、数据电文在内的书面形式；采用书面形式确有困难的，申请人可以口头提出，由受理该申请的政府信息公开工作机构代为填写政府信息公开申请。书面形式主要包括信件、数据电文的形式。在本案中，李某通过省政府公众网络系统向省交通厅递交政府信息公开申请，这种申请方式属于数据电文方式，符合《政府信息公开条例》的相关规定。

2. 根据《政府信息公开条例》第31条的规定，行政机关收到政府信息公开申请的时间，按照下列规定确定：……③申请人通过互联网渠道或者政府信息公开工作机构的传真提交政府信息公开申请的，以双方确认之日为收到申请之日。《政府信息公开条例》第33条第1、2款规定，行政机关收到政府信息公开申请，能够当场答复的，应当当场予以答复。行政机关不能当场答复的，应当自收到申请之日起20个工作日内予以答复；需要延长答复期限的，应当经政府信息公开工作机构负责人同意并告知申请人，延长的期限最长不得超过20个工作日。在依申请公开政府信息的情况中，行政机关的答复时间一般为20个工作日，最长不超过40个工作日。

在本案中，李某于6月1日向省交通厅递交了政府信息公开申请，政府公众网络系统对申请予以确认，并通过短信通知李某确认该政府信息公开申请提交成功，虽然7月28日向李某确认收到申请并发出了《受理回执》，但公民、法人或者其他组织通过政府公众网络系统向行政机关提交政府信息公开申请的，如该网络系统未作例外说明，则系统确认申请提交成功的日期应当视为行政机关收到政府信息公开申请之日。行政机关对于该申请的内部处理流程，不能成为行政机关延期处理的理由。因此6月1日为省交通厅收到李某的政府信息公开申请之日。省交通厅于8月4日向李某送达《政府信息公开答复书》，超出了20个工作日的法定答复期限，应当认定为违法。

3. 根据《政府信息公开条例》第29条第2款的规定，政府信息公开申请应当包括下列内容：①申请人的姓名或者名称、身份证明、联系方式；②申请公开的政府信息的名称、文号或者便于行政机关查询的其他特征性描述；③申请公开的政府信息的形式要求，包括获取信息的方式、途径。在本案中，李某申请公开政府信息，应当按照法定要求提供身份证明。因此，省交通厅要求李某提供有效身份证件符合法律规定。

4. 根据《政府信息公开条例》第15条的规定，涉及商业秘密、个人隐私等公开会对第三方合法权益造成损害的政府信息，行政机关不得公开。但是，第三方同意公开或者行政机关认为不公开会对公共利益造成重大影响的，予以公开。《政府信息公开条例》第32条规定，依申请公开的政府信息公开会损害第三方合法权益的，行政机关应当书面征求第三方的意见。第三方应当自收到征求意见书之日起15个工作日内提出意见。第三方逾期未提出意见的，由行政机关依照《政府信息公开条例》的规定决定是否公开。第三方不同意公开且有合理理由的，行政机关不予公开。行政机关认为不公开可能对公共利益造成重大影响的，可以决定予以公开，并将决定公开的政府信息内容和理由书面告知第三方。在本案中，省交通厅认为申请公开的内容涉及某长途客运汽车站商业秘密，首先应当书面征求该长途客运汽车站的意见，如果该长途客运汽车站不同意公开且有合理理由，则不得公开；如果省交通厅认为不公开可能对公共利益造成重大影响，则可以决定予以公开，并且将决定公开的政府信息内容和理由书面通知长途客运汽车站。

5. 根据《政府信息公开条例》第42条第1款的规定，行政机关依申请提供政府信息，不收取费用。但是，申请人申请公开政府信息的数量、频次明显超过合理范围的，行政机关可以收取信息处理费。在本案中，李某向省交通厅申请公开某长途客运汽车站经营资质、客运里程数、注册资本、法定代表人、股东人数等信息，申请公开政府信息的数量、频次不超过合理范围，省交通厅不能向李某收取信息处理费。

6. 根据《行政诉讼法》第54条的规定，人民法院公开审理行政案件，但涉及国家秘密、个人隐私和法律另有规定的除外。涉及商业秘密的案件，当事人申请不公开审理的，可以不公开审理。《政府信息公开案件规定》第6条规定，人民法院审理政府信息公开行政案件，应当视情采取适当的审理方式，以避免泄露涉及国家秘密、商业秘密、个人隐私或者法律规定的其他应当保密的政府信息。在本案中，法院审理后认为，李某申请公开信息的部分内容涉及某长途客运汽车站商业秘密，如果长途客运汽车站申请不公开审理的，法院应当采取不公开审理的方式。

7. 根据《政府信息公开条例》第 37 条的规定，申请公开的信息中含有不应当公开或者不属于政府信息的内容，但是能够作区分处理的，行政机关应当向申请人提供可以公开的政府信息内容，并对不予公开的内容说明理由。《政府信息公开案件规定》第 9 条第 1、3 款规定，被告对依法应当公开的政府信息拒绝或者部分拒绝公开的，人民法院应当撤销或者部分撤销被诉不予公开决定，并判决被告在一定期限内公开。尚需被告调查、裁量的，判决其在一定期限内重新答复。人民法院经审理认为被告不予公开的政府信息内容可以作区分处理的，应当判决被告限期公开可以公开的内容。在本案中，李某申请公开信息的部分内容涉及某长途客运汽车站商业秘密，属于可以作出区分处理的政府信息内容。法院应当判决撤销省交通厅作出的《政府信息公开答复书》，并判决省交通厅在一定期限内公开该长途客运汽车站除涉及商业秘密之外的可以公开的信息。

答题要点

1. 合法。（1 分）根据《政府信息公开条例》第 29 条第 1 款的规定，李某申请政府信息公开应当采用书面形式，书面形式包括数据电文形式。通过省政府公众网络系统申请政府信息公开属于数据电文形式，因此李某通过省政府公众网络系统申请政府信息公开的形式符合法律规定。（3 分）

2. 省交通厅的答复超出法定期限。（1 分）根据《政府信息公开条例》第 31 条第 3 项和第 33 条第 1、2 款的规定，6 月 1 日为省交通厅收到李某的政府信息公开申请之日，省交通厅于 8 月 4 日向李某送达《政府信息公开答复书》，超出 20 个工作日的法定答复期限。（3 分）

3. 省交通厅要求李某提供有效身份证件合法。（1 分）根据《政府信息公开条例》第 29 条第 2 款的规定，李某申请公开政府信息，应当按照法定要求提供身份证明。因此省交通厅有权要求李某提供有效身份证件。（3 分）

4. 根据《政府信息公开条例》第 15、32 条的规定，省交通厅认为李某申请公开的信息涉及某长途客运汽车站商业秘密的，应当书面征求某长途客运汽车站的意见（1 分）；某长途客运汽车站不同意公开且有合理理由的，不得公开（1 分）。但省交通厅认为不公开可能对公共利益造成重大影响的，可以决定予以公开（1 分），并将决定公开的政府信息内容和理由书面通知某长途客运汽车站（1 分）。

5. 不能。（1 分）根据《政府信息公开条例》第 42 条第 1 款的规定，李某向省交通厅申请公开政府信息的数量、频次不超过合理范围（2 分），省交通厅不能向李某收取信息处理费（1 分）。

6. 法院不能公开审理此案。（1 分）根据《行政诉讼法》第 54 条和《政府信息公开案件规定》第 6 条的规定，本案涉及某长途客运汽车站商业秘密（1 分），某长途客运汽车站申请不公开审理的，法院应当采取不公开的审理方式，以避免泄露某长途客运汽车站的商业秘密（2 分）。

7. 根据《政府信息公开条例》第 37 条和《政府信息公开案件规定》第 9 条第 1、3 款的规定，法院应当判决撤销《政府信息公开答复书》（2 分），并判决省交通厅限期公开某长途客运汽车站商业秘密以外的其他信息（2 分）。

案例 6　王某诉某市人社局工伤认定案

案情： 王某某是某资产管理公司职工。2013年3月18日，王某某因交通事故死亡。由于王某某驾驶摩托车倒地翻覆的原因无法查实，交警大队于同年4月1日依据《道路交通事故处理程序规定》第5条（现为第10条）的规定，作出的《道路交通事故证明》载明：王某某驾驶无牌摩托车与道路右侧隔离带边缘相擦挂，翻覆于隔离带内，造成车辆受损、王某某当场死亡的交通事故。

2013年4月10日，某资产管理公司就其职工王某某因交通事故死亡，向某市人社局申请工伤认定，并同时提交了《道路交通事故证明》等证据。市人社局以公安机关交通管理部门尚未对本案事故作出交通事故认定书为由，于当日作出《工伤认定时限中止通知书》（以下简称《中止通知》），并向王某（王某某之父）和某资产管理公司送达。

2013年6月24日，王某通过国内特快专递邮件方式，向市人社局提交了《恢复工伤认定申请书》，要求市人社局恢复对王某某的工伤认定。因市人社局未恢复对王某某工伤认定程序，王某遂于同年7月30日向法院提起行政诉讼，请求判决撤销市人社局作出的《中止通知》。

市人社局主张《中止通知》属于工伤认定程序中的程序性行政行为，不涉及终局性问题，对相对人的权利义务没有实质影响的，属于不成熟的行政行为，不具有可诉性，不属于行政诉讼受案范围。

法院受理案件后作出一审判决，撤销市人社局作出的《中止通知》。一审宣判后，市人社局提起了上诉。二审审理过程中，市人社局递交撤回上诉申请书。

（案例来源：最高人民法院公布指导性案例第69号）

材料：

《工伤保险条例》（中华人民共和国国务院令第375号，于2003年4月16日国务院第5次常务会议讨论通过，自2004年1月1日起施行；中华人民共和国国务院令第586号，于2010年12月8日国务院第136次常务会议修改，自2011年1月1日起施行）

第20条　社会保险行政部门应当自受理工伤认定申请之日起60日内作出工伤认定的决定，并书面通知申请工伤认定的职工或者其近亲属和该职工所在单位。

社会保险行政部门对受理的事实清楚、权利义务明确的工伤认定申请，应当在15日内作出工伤认定的决定。

作出工伤认定决定需要以司法机关或者有关行政主管部门的结论为依据的，在司法机关或者有关行政主管部门尚未作出结论期间，作出工伤认定决定的时限中止。

社会保险行政部门工作人员与工伤认定申请人有利害关系的，应当回避。

问题：（共28分）

1. 请对《道路交通事故证明》的行为性质进行分析。（4分）
2. 《中止通知》是否属于行政诉讼受案范围？为什么？（4分）

3. 如何确定本案一审管辖法院？（4分）

4. 王某是否具有原告资格？为什么？（4分）

5. 市人社局能否撤回上诉？法院是否准许？为什么？（4分）

6. 法院能否撤销《中止通知》？为什么？（4分）

7. 若法院作出市人社局恢复工伤认定程序的判决，市人社局拒不履行，法院可以采取哪些措施？（4分）

> **核心考点**
>
> 行政确认的概念　行政诉讼的受案范围、管辖、原告、判决

解题思路

1. 行政确认，是指行政主体依法对行政相对人的法律地位、法律关系或有关法律事实进行甄别，给予确定、认定、证明并予以宣告的具体行政行为。本案中，交警大队作出的《道路交通事故证明》载明：王某某驾驶无牌摩托车与道路右侧隔离带边缘相擦挂，翻覆于隔离带内，造成车辆受损、王某某当场死亡的交通事故。该《道路交通事故证明》是交警大队对王某某交通事故的事实认定，因此，其属于行政确认行为。

2. 根据《行政诉讼法》第2条第1款的规定，公民、法人或者其他组织认为行政机关和行政机关工作人员的行政行为侵犯其合法权益，有权依照《行政诉讼法》向人民法院提起诉讼。本案中，《中止通知》虽然属于工伤认定程序中的程序性行政行为，但侵犯了王某某的人身权、财产权等合法权益，对王某某权利义务产生明显的实际影响，且无法通过提起针对相关的实体性行政行为的诉讼获得救济。因此，《中止通知》属于行政诉讼受案范围，王某有权对《中止通知》提起行政诉讼，法院应当依法受理。

3. 首先确定级别管辖。根据《行政诉讼法》第14条的规定，基层人民法院管辖第一审行政案件。根据《行政诉讼法》第15条的规定，中级人民法院管辖下列第一审行政案件：①对国务院部门或者县级以上地方人民政府所作的行政行为提起诉讼的案件；②海关处理的案件；③本辖区内重大、复杂的案件；④其他法律规定由中级人民法院管辖的案件。本案的被告是市人社局，本案不属于中级人民法院管辖的例外情形，按照级别管辖的原则，由基层人民法院管辖。

其次确定地域管辖。根据《行政诉讼法》第18条第1款的规定，行政案件由最初作出行政行为的行政机关所在地人民法院管辖。经复议的案件，也可以由复议机关所在地人民法院管辖。本案不属于经复议的案件，应当由最初作出行政行为的行政机关——市人社局所在地人民法院管辖。

综上，本案一审管辖法院是市人社局所在地的基层法院。

4. 根据《行政诉讼法》第25条第2款的规定，有权提起诉讼的公民死亡，其近亲属可以提起诉讼。根据《行诉解释》第14条第1款的规定，《行政诉讼法》第25条第2款规定的"近亲属",包括配偶、父母、子女、兄弟姐妹、祖父母、外祖父母、孙子女、外孙子女和其他具有扶养、赡养关系的亲属。本案中,王某某是被诉行政行为的相对人,其有权提起诉讼,但王某某已死亡,其父王某作为近亲属具有原告资格,可以提起诉讼。

5. 根据《行政诉讼法》第62条的规定,人民法院对行政案件宣告判决或者裁定前,原告申请撤诉的,或者被告改变其所作的行政行为,原告同意并申请撤诉的,是否准许,由人民法院裁定。根据《行政诉讼法》第101条的规定,人民法院审理行政案件,关于期间、送达、财产保全、开庭审理、调解、中止诉讼、终结诉讼、简易程序、执行等,以及人民检察院对行政案件受理、审理、裁判、执行的监督,《行政诉讼法》没有规定的,适用《民事诉讼法》的相关规定。根据《民事诉讼法》第180条的规定,第二审人民法院判决宣告前,上诉人申请撤回上诉的,是否准许,由第二审人民法院裁定。因此,市人社局能撤回上诉,是否准许,由第二审人民法院裁定。

根据《行诉撤诉规定》第8条第1款的规定,第二审或者再审期间行政机关改变被诉具体行政行为,当事人申请撤回上诉或者再审申请的,参照《行诉撤诉规定》。根据《行诉撤诉规定》第2条的规定,被告改变被诉具体行政行为,原告申请撤诉,符合下列条件的,人民法院应当裁定准许:①申请撤诉是当事人真实意思表示;②被告改变被诉具体行政行为,不违反法律、法规的禁止性规定,不超越或者放弃职权,不损害公共利益和他人合法权益;③被告已经改变或者决定改变被诉具体行政行为,并书面告知人民法院;④第三人无异议。本案中,市人社局申请撤回上诉,法院经审查认为,市人社局申请撤回上诉属其真实意思表示,第三人某资产管理公司无异议,符合法律规定,不损害公共利益和他人合法权益,法院应准许市人社局撤回上诉。

6. 根据《工伤保险条例》第20条第3款的规定,作出工伤认定决定需要以司法机关或者有关行政主管部门的结论为依据的,在司法机关或者有关行政主管部门尚未作出结论期间,作出工伤认定决定的时限中止。本案中某资产管理公司申请工伤认定时,并不存在《工伤保险条例》第20条第3款所规定的依法可以作出中止决定的情形。被告依据《工伤保险条例》第20条的规定,作出《中止通知》属于适用法律、法规错误,该《中止通知》不合法。根据《行政诉讼法》第70条第2项的规定,行政行为有下列情形之一的,人民法院判决撤销或者部分撤销,并可以判决被告重新作出行政行为:……②适用法律、法规错误的;……本案中被诉《中止通知》适用法律、法规错误,法院应判决撤销《中止通知》。

7. 根据《行政诉讼法》第96条的规定,行政机关拒绝履行判决、裁定、调解书的,第一审人民法院可以采取下列措施:①对应当归还的罚款或者应当给付的款额,通知银行从该行政机关的账户内划拨。②在规定期限内不履行的,从期满之日起,对该行政机关负责人按日处50元至100元的罚款。③将行政机关拒绝履行的情况予以公告。④向监察机关或者该行政机关的上一级行政机关提出司法建议。接受司法建议的机关,根据有关规定进行处理,并将处理情况告知人民法院。⑤拒不履行判决、裁定、调解书,社会影响恶劣的,可以对该行政机关直接负责的主管人员和其他直接责任人员予以拘留;情节严重,构成犯罪的,依法追究刑事责任。本案中,市人社局拒不执行法院生效裁判,法院可以对该行政机关负责人按日处50元至100元的罚款,将市人社局拒绝履行的情况予以公告,并向监察机关或者市人社局的上一级行政机关提出司法建议;若其社会影响恶劣,可以对市人社局直接负责的主管人员和其他直接责任人员予以拘留。

> **答题要点**

1. 行政确认是指行政主体对行政相对人的法律地位、法律关系或法律事实予以确定、认定、证明的具体行政行为。（2分）《道路交通事故证明》是交警大队对王某某交通事故的事实认定，属于行政确认行为。（2分）

2. 属于。（1分）《中止通知》虽然属于工伤认定程序中的程序性行政行为，但侵犯了王某某的人身权、财产权等合法权益，对王某某权利义务产生明显的实际影响，且无法通过提起针对相关的实体性行政行为的诉讼获得救济，对《中止通知》提起行政诉讼的，法院应当依法受理。（3分）

3. 根据《行政诉讼法》第14、18条的规定，本案一审管辖法院是市人社局所在地（2分）的基层法院（2分）。

4. 王某具有原告资格。（1分）根据《行政诉讼法》第25条第2款和《行诉解释》第14条第1款的规定，王某某是被诉行政行为相对人，有权提起诉讼（1分），但王某某死亡，其父王某作为近亲属具有原告资格（2分）。

5. 根据《行诉撤诉规定》第2、8条的规定，市人社局能撤回上诉。（2分）法院经审查认为，市人社局自愿申请撤回上诉，属其真实意思表示，某资产管理公司无异议，符合法律规定，准许市人社局撤回上诉。（2分）

6. 法院能撤销《中止通知》。（1分）根据《工伤保险条例》第20条的规定，市人社局作出《中止通知》属于适用法律、法规错误。（1分）根据《行政诉讼法》第70条的规定，被诉《中止通知》适用法律、法规错误，法院应当判决撤销《中止通知》。（2分）

7. 根据《行政诉讼法》第96条的规定，市人社局拒不执行法院生效裁判，法院可以对市人社局负责人按日处50元至100元的罚款（1分）；将市人社局拒绝履行的情况予以公告（1分）；向监察机关或者市人社局的上一级行政机关提出司法建议（1分）；社会影响恶劣的，可以对市人社局直接负责的主管人员和其他直接责任人员予以拘留（1分）。

案例 7　田达诉华北科技大学拒绝颁发毕业证、学位证案

案情：田达于 1994 年 9 月考取华北科技大学，取得本科生的学籍。1996 年 2 月 29 日，田达在电磁学课程的补考过程中，随身携带写有电磁学公式的纸条。考试中，田达去上厕所时纸条掉出，被监考教师发现，监考老师当即停止了田达的考试。华北科技大学根据原国家教委关于严肃考场纪律的指示精神，于 1994 年制定了《关于严格考试管理的紧急通知》。该通知规定，凡考试作弊的学生一律按退学处理，取消学籍。华北科技大学据此于 1996 年 3 月 5 日认定田达的行为属作弊行为，并作出退学处理决定。同年 4 月 10 日，华北科技大学填发了学籍变动通知，但退学处理决定和变更学籍的通知未直接向田达宣布、送达，也未给田达办理退学手续，田达继续以该校大学生的身份参加正常学习及学校组织的活动。

1996 年 9 月，华北科技大学为田达补办了学生证，之后每学年均收取田达交纳的教育费，并为田达进行注册、发放大学生补助津贴，安排田达参加了大学生毕业实习设计，由其论文指导教师领取了学校发放的毕业设计结业费。田达还以该校大学生的名义参加考试，先后取得了大学英语四级、计算机应用水平测试合格证书。华北科技大学对田达在该校的四年学习中成绩全部合格，通过毕业实习、毕业设计及论文答辩，获得优秀毕业论文及毕业总成绩为全班第九名的事实无争议。

1998 年 6 月，田达所在院系向华北科技大学报送田达所在班级授予学士学位表时，华北科技大学有关部门以田达已按退学处理、不具备华北科技大学学籍为由，拒绝为其颁发毕业证书，进而未向教育行政部门呈报田达的毕业派遣资格表。华北科技大学因此未将田达列入授予学士学位资格的名单交该校学位评定委员会审核。田达认为自己符合大学毕业生的法定条件，华北科技大学拒绝给其颁发毕业证、学位证是违法的，遂向法院提起行政诉讼，请求法院判决华北科技大学向其颁发毕业证、学位证。

（案例来源：最高人民法院指导案例 38 号，案例中的人名、校名均为化名）

材料：

一、《教育法》（1995 年 3 月 18 日第八届全国人民代表大会第三次会议通过，2009 年 8 月 27 日第一次修正，2015 年 12 月 27 日第二次修正，2021 年 4 月 29 日第三次修正）

第 22 条　国家实行学业证书制度。

经国家批准设立或者认可的学校及其他教育机构按照国家有关规定，颁发学历证书或者其他学业证书。

第 23 条　国家实行学位制度。

学位授予单位依法对达到一定学术水平或者专业技术水平的人员授予相应的学位，颁发学位证书。

二、《学位条例》（1980 年 2 月 12 日第五届全国人民代表大会常务委员会第十三次会

议通过，2004年8月28日修正）

第8条第1款 学士学位，由国务院授权的高等学校授予；硕士学位、博士学位，由国务院授权的高等学校和科学研究机构授予。

三、《学位条例暂行实施办法》（1981年5月20日国务院批准实施）

第4条 授予学士学位的高等学校，应当由系逐个审核本科毕业生的成绩和毕业鉴定等材料，对符合本暂行办法第3条及有关规定的，可向学校学位评定委员会提名，列入学士学位获得者的名单。

非授予学士学位的高等学校，对达到学士学术水平的本科毕业生，应当由系向学校提出名单，经学校同意后，由学校就近向本系统、本地区的授予学士学位的高等学校推荐。授予学士学位的高等学校有关的系，对非授予学士学位的高等学校推荐的本科毕业生进行审查考核，认为符合本暂行办法第3条及有关规定的，可向学校学位评定委员会提名，列入学士学位获得者的名单。

第5条 学士学位获得者的名单，经授予学士学位的高等学校学位评定委员会审查通过，由授予学士学位的高等学校授予学士学位。

四、《普通高等学校学生管理规定》（2005年通过，2017年修订）

第30条 学生有下列情形之一，学校可予退学处理：

（一）学业成绩未达到学校要求或者在学校规定的学习年限内未完成学业的；

（二）休学、保留学籍期满，在学校规定期限内未提出复学申请或者申请复学经复查不合格的；

（三）根据学校指定医院诊断，患有疾病或者意外伤残不能继续在校学习的；

（四）未经批准连续2周未参加学校规定的教学活动的；

（五）超过学校规定期限未注册而又未履行暂缓注册手续的；

（六）学校规定的不能完成学业、应予退学的其他情形。

学生本人申请退学的，经学校审核同意后，办理退学手续。

第31条 退学学生，应当按学校规定期限办理退学手续离校。退学的研究生，按已有毕业学历和就业政策可以就业的，由学校报所在地省级毕业生就业部门办理相关手续；在学校规定期限内没有聘用单位的，应当办理退学手续离校。

退学学生的档案由学校退回其家庭所在地，户口应当按照国家相关规定迁回原户籍地或者家庭户籍所在地。

问题：（共28分）

1. 华北科技大学是否是本案的适格被告？为什么？（4分）

2. 华北科技大学是否有权制定《关于严格考试管理的紧急通知》？为什么？（4分）

3. 《关于严格考试管理的紧急通知》规定"凡考试作弊的学生一律按退学处理，取消学籍"是否合法？为什么？（3分）

4. 田达能否要求法院对《关于严格考试管理的紧急通知》一并审查？为什么？（4分）

5. 法院如何处理《关于严格考试管理的紧急通知》？（4分）

6. 华北科技大学对田达作出的退学处理决定是否违法？为什么？（5分）

7. 法院能否认定田达具有华北科技大学学籍身份？为什么？（4分）

核心考点

行政诉讼的被告　合法性审查　判决以及行政规范性文件附带审查

▶ 解题思路

1. 根据《教育法》第22条的规定，国家实行学业证书制度。经国家批准设立或者认可的学校及其他教育机构按照国家有关规定，颁发学历证书或者其他学业证书。根据《教育法》第29条第1款第4、5项的规定，高等学校对受教育者有进行学籍管理、实施奖励或处分的权利，有代表国家对受教育者颁发学历证书、学位证书的职责。根据《学位条例》第8条第1款的规定，学士学位，由国务院授权的高等学校授予。由此可知，颁发毕业证书和授予学位证书是法律授予高校的权力。根据《行诉解释》第24条第3款的规定，当事人对高等学校等事业单位以及律师协会、注册会计师协会等行业协会依据法律、法规、规章的授权实施的行政行为不服提起诉讼的，以该事业单位、行业协会为被告。学校虽然不是国家行政机关，但高校属于法律授权的履行教育行政管理职责的教育机构，法律授予高等学校实施行政行为，因高校实施行政行为而发生的争议，由行政诉讼来解决。学校在依法履行教育行政管理职权的活动中，具有行政诉讼的被告主体资格。本案中，华北科技大学与田达之间属于教育行政管理关系，田达对华北科技大学涉及其毕业证和学位证不予颁发行为不服的，有权提起行政诉讼，华北科技大学是本案的适格被告。

2. 根据《教育法》第29条第1款第1项的规定，学校及其他教育机构有按照章程自主管理的权利。据此，高等学校依法具有相应的教育自主权，有权制定校纪、校规，并有权对在校学生进行教学管理和违纪处分，华北科技大学有权制定《关于严格考试管理的紧急通知》。

3. 如上所述，虽然高等学校享有相应的自主管理权，但其制定的校纪、校规和据此进行的教学管理和违纪处分，必须符合法律、法规和规章的规定，必须尊重和保护当事人的合法权益。根据《普通高等学校学生管理规定》第30条的规定，学生有下列情形之一，学校可予退学处理：①学业成绩未达到学校要求或者在学校规定的学习年限内未完成学业的；②休学、保留学籍期满，在学校规定期限内未提出复学申请或者申请复学经复查不合格的；③根据学校指定医院诊断，患有疾病或者意外伤残不能继续在校学习的；④未经批准连续2周未参加学校规定的教学活动的；⑤超过学校规定期限未注册而又未履行暂缓注册手续的；⑥学校规定的不能完成学业、应予退学的其他情形。学生本人申请退学的，经学校审核同意后，办理退学手续。其中并无因"考试作弊"而予以退学的事由。华北科技大学制定的《关于严格考试管理的紧急通知》中"凡考试作弊的学生一律按退学处理，取消学籍"的规定，明显扩大了《普通高等学校学生管理规定》第30条的适用范围，故《关于严格考试管理的紧急通知》中的该条款不合法。

4. 根据《行政诉讼法》第53条的规定，公民、法人或者其他组织认为行政行为所依据的国务院部门和地方人民政府及其部门制定的规范性文件不合法，在对行政行为提起诉讼时，可以一并请求对该规范性文件进行审查。前述规范性文件不含规章。华北科技大学制定的《关于严格考试管理的紧急通知》属于规范性文件，田达有权要求法院对《关于严格考试管理的紧急通知》一并审查。

5. 根据《行诉解释》第149条第1、2款的规定，人民法院经审查认为行政行为所依据的规范性文件合法的，应当作为认定行政行为合法的依据；经审查认为规范性文件不合法的，不作为人民法院认定行政行为合法的依据，并在裁判理由中予以阐明。作出生效裁判的人民法院应当向规范性文件的制定机关提出处理建议，并可以抄送制定机关的同级人民政府、上一级行政机关、监察机关以及规范性文件的备案机关。规范性文件不合法的，人民法院可以在裁判生效之日起3个月内，向规范性文件制定机关提出修改或者废止该规范性文件的司法建议。如上所述，《关于严格考试管理的紧急通知》中的一些条款不合法，不作为法院认定退学处理决定合法的依据，并在裁判理由中予以阐明。并且，法院可以在裁判生效之日起3个月内，向华北科技大学提出修改或者废止该规范性文件的司法建议。

6. 华北科技大学对田达作出的退学处理决定违法。一是适用法律依据错误。本案田达在补考中随身携带纸条的行为属于违反考场纪律的行为，华北科技大学可以按照有关法律、法规、规章及学校的有关规定处理，但其对田达作出退学处理决定所依据的该校制定的《关于严格考试管理的紧急通知》，与《普通高等学校学生管理规定》第30条规定的法定退学条件相抵触，故华北科技大学所作退学处理决定违法。二是违反正当程序原则。正当程序原则要求行政机关作出影响行政相对人权益的行政行为，必须遵循正当法律程序，包括事先告知相对人，向相对人说明行为的根据、理由，听取相对人的陈述、申辩，事后为相对人提供相应的救济途径等。本案中，华北科技大学对田达作出的退学处理决定和学籍变更涉及田达受教育的基本权利，对其合法权益具有重大影响，为充分保障当事人权益，从正当程序原则出发，应当允许其申辩并在决定作出后及时送达，否则视为违反法定程序。本案中华北科技大学并未将退学处理决定和变更学籍的通知直接向田达宣布、送达，没有说明作出决定的理由，也没有给予田达陈述、申辩的机会，其处理决定缺乏最低限度的程序正义要求，属于违法行政行为。

7. 根据《普通高等学校学生管理规定》第31条的规定，退学学生，应当按学校规定期限办理退学手续离校。退学的研究生，按已有毕业学历和就业政策可以就业的，由学校报所在地省级毕业生就业部门办理相关手续；在学校规定期限内没有聘用单位的，应当办理退学手续离校。退学学生的档案由学校退回其家庭所在地，户口应当按照国家相关规定迁回原户籍地或者家庭户籍所在地。华北科技大学对田达作出退学处理决定后，并未实际给田达办理注销学籍、迁移户籍、档案等手续。此外，华北科技大学于1996年9月为田达补办学生证并注册的事实行为，应视为华北科技大学改变了对田达所作的按退学处理的决定，恢复了田达的学籍。因此，法院可以认定田达具有华北科技大学学籍身份。

答题要点

1. 华北科技大学是本案的适格被告。（1分）根据《教育法》第22、23条以及《学位条例》第8条第1款的规定，华北科技大学与田达之间属于教育行政管理关系，田达对华北科技大学涉及其基本权利的管理行为不服的，有权提起行政诉讼，华北科技大学是本案的适格被告。（3分）

2. 有权制定。（1分）华北科技大学具有相应的教育自主权，有权制定校纪、校规，并有权对在校学生进行教学管理和违纪处分，有权制定《关于严格考试管理的紧急通知》。（3分）

3. 不合法。（1分）华北科技大学制定的《关于严格考试管理的紧急通知》中的规定明显扩大了《普通高等学校学生管理规定》第30条的适用范围，因此违法。（2分）

4. 田达能要求法院对《关于严格考试管理的紧急通知》一并审查。（1分）根据《行政诉讼法》第53条的规定，华北科技大学制定的《关于严格考试管理的紧急通知》属于规范性文

件，田达有权要求法院对《关于严格考试管理的紧急通知》一并审查。（3分）

5. 根据《行诉解释》第149条第1、2款的规定，《关于严格考试管理的紧急通知》中的一些条款不合法，不作为法院认定退学处理决定合法的依据，并在裁判理由中予以阐明。（2分）并且，法院可以在裁判生效之日起3个月内，向华北科技大学提出修改或者废止该规范性文件的司法建议。（2分）

6. 退学处理决定违法。（1分）原因在于：①适用法律依据错误，华北科技大学依据的《关于严格考试管理的紧急通知》与《普通高等学校学生管理规定》规定的法定退学条件相抵触（2分）；②违反正当程序原则，华北科技大学应将退学处理决定向田达送达、宣布，允许田达提出申辩意见（2分）。

7. 法院能认定田达具有华北科技大学学籍身份。（1分）根据《普通高等学校学生管理规定》第31条的规定，华北科技大学对田达作出退学处理决定后，也未实际给田达办理注销学籍、迁移户籍、档案等手续。（1分）华北科技大学于1996年9月为田达补办学生证并注册的事实行为，应视为华北科技大学改变了对田达所作的按退学处理的决定，恢复了田达的学籍。（2分）

案例 8　石林区检察院诉林川市林业局不履行法定职责案

案情： 2012年10月11日至2014年10月31日期间，玖玖矿业有限责任公司经审批后在林川市毛坝镇临时占用林地开采露天碳质页岩。2012年11月，该公司向林川市环境保护局（现为生态环境局，下同）报送《建设项目环境影响报告表》。该报告表载明大气污染物主要为"施工扬尘，以及燃油施工机械和运输设备排放的废气"，并表明"不在现场焚烧页岩"，在建设项目所在地环境质量现状中也载明"项目区为乡村环境，附近无工业大气污染源"。2012年12月7日，林川市环境保护局出具《关于〈建设项目环境影响报告表〉审批意见的函》，"同意该项目按照《报告表》所列的项目建设"，要求"建设项目必须全面落实各项生态保护和污染防治措施，确保污染物达标排放"。2年临时占地期满后，玖玖矿业有限责任公司在申请续办使用林地手续尚未获得审批期间，仍违法占用林地进行开采。

2014年冬，林川市林业局（现为林业和园林局，下同）在专项清查中发现玖玖矿业有限责任公司违法占用林地，随即作出了一系列林业行政执法行为，自2015年4月27日至2016年8月17日，林川市林业局通过下达《停止违法行为通知书》《恢复林业用地及造林通知书》《责令限期恢复植被通知书》，制作《某矿业有限公司恢复林业生产方案》等方式督促玖玖矿业有限责任公司停止露天焚烧煤矸石，并要求其将所占林地恢复林业生产条件和植被。

林川市检察院于2016年10月14日向林川市林业局发出001号《检察建议书》，对林川市林业局提出了以下建议：①对某矿业有限公司非法占用林地，致使森林、林木造成毁坏的依照《森林法》《森林法实施条例》的规定予以处理；②加强执法，督促玖玖矿业有限责任公司对违法占用的林地办理相关审批手续，并按规定交纳森林植被恢复费；③依法督促玖玖矿业有限责任公司对违法占用林地并毁坏的林地恢复山林植被并加强监督和管理。

2016年11月14日，林川市林业局对《检察建议书》作出书面回复，称"玖玖矿业有限责任公司法定代表人朱某已被定罪量刑，根据《行政处罚法》第38条（现为第57条）之规定，不应再给予行政处罚。……玖玖矿业有限责任公司较长时间露天焚烧煤矸石，产生大量有害气体，空气污染致使矿区周边森林、林木受到毁坏，我局对该公司焚烧煤矸石烟熏毁坏矿区周边森林、林木这一行为，按照贵院建议，已责成红椿林场调查处理。"之后红椿林场并未收到林川市林业局要求该林场对这一违法行为调查处理的通知；玖玖矿业有限责任公司亦未收到林川市林业局对该公司燃烧煤矸石熏死影响区林木的行为作出处理的文书。

由于矿区燃烧的煤矸石仍未熄灭，且持续向周边林木散发有害气体，58 419平方米（87.7亩）影响区内仍有大片被有害气体熏死的林木。2016年12月28日，石林区检察院经省检察院指定管辖,向法院提起行政诉讼。

在案件审理期间,林川市林业局将玖玖矿业有限责任公司焚烧煤矸石排放有害气体毁坏影响区林木的行为移送给林川市环境保护局查处。林川市环境保护局作出《关于某矿业有限公司环境污染一案的回复》,"依据《森林法》第44条的规定,请你单位督促玖玖矿业有限责任公司对毁坏的林地进行恢复。"

[案例来源:最高人民法院公布全国法院百篇优秀裁判文书(2017)鄂0502行初1号行政判决书,案例中的人名、地名均为化名]

材料一:
《森林法》

第66条 县级以上人民政府林业主管部门依照本法规定,对森林资源的保护、修复、利用、更新等进行监督检查,依法查处破坏森林资源等违法行为。

第39条第1款 禁止毁林开垦、采石、采砂、采土以及其他毁坏林木和林地的行为。

第74条第1款 违反本法规定,进行开垦、采石、采砂、采土或者其他活动,造成林木毁坏的,由县级以上人民政府林业主管部门责令停止违法行为,限期在原地或者异地补种毁坏株数1倍以上3倍以下的树木,可以处毁坏林木价值5倍以下的罚款;造成林地毁坏的,由县级以上人民政府林业主管部门责令停止违法行为,限期恢复植被和林业生产条件,可以处恢复植被和林业生产条件所需费用3倍以下的罚款。

《大气污染防治法》第99条 违反本法规定,有下列行为之一的,由县级以上人民政府生态环境主管部门责令改正或者限制生产、停产整治,并处10万元以上100万元以下的罚款;情节严重的,报经有批准权的人民政府批准,责令停业、关闭:

(一)未依法取得排污许可证排放大气污染物的;

(二)超过大气污染物排放标准或者超过重点大气污染物排放总量控制指标排放大气污染物的;

(三)通过逃避监管的方式排放大气污染物的。

材料二: 2018年2月23日最高人民法院审判委员会第1734次会议、2018年2月11日最高人民检察院第十二届检察委员会第73次会议通过的《检察公益诉讼解释》,自2018年3月2日起施行,并于2020年修正。

问题:(共28分)

1. 根据《检察公益诉讼解释》的规定,如何确定本案的管辖法院?(3分)

2. 根据《检察公益诉讼解释》的规定,林川市林业局在2016年11月14日对《检察建议书》作出书面回复是否符合期限要求?为什么?(4分)

3. 石林区检察院的起诉是否符合行政公益诉讼的诉前程序要求?为什么?(4分)

4. 根据《检察公益诉讼解释》的规定,石林区检察院起诉应当提交哪些材料?(3分)

5. 根据《检察公益诉讼解释》的规定,石林区检察院在案件审理过程中能否撤回起诉?为什么?(3分)

6. 林川市林业局是否存在怠于履行监管职责的情形?为什么?(5分)

7. 根据《检察公益诉讼解释》的规定,法院如何判决?(3分)

8. 若某合法登记的环保公益组织针对林川市林业局未履行职责行为提起行政诉讼，法院如何处理？（3分）

> **核心考点**
>
> 行政公益诉讼的起诉人　管辖法院　诉前程序　诉讼程序以及判决

📝 解题思路

1. 根据《检察公益诉讼解释》第5条第2款的规定，基层人民检察院提起的第一审行政公益诉讼案件，由被诉行政机关所在地基层人民法院管辖。本案中，石林区检察院向法院提起行政公益诉讼，确认林川市林业局行为违法，责令林川市林业局履行职责，本案的起诉人是石林区检察院，被告是林川市林业局。根据《检察公益诉讼解释》的规定，本案的管辖法院是被诉行政机关所在地基层人民法院，故本案的管辖法院是林川市林业局所在地的基层人民法院。

2. 根据《检察公益诉讼解释》第21条第2款的规定，行政机关应当在收到检察建议书之日起2个月内依法履行职责，并书面回复人民检察院。出现国家利益或者社会公共利益损害继续扩大等紧急情形的，行政机关应当在15日内书面回复。原则上行政机关应当在收到检察建议书之日起2个月内书面回复人民检察院。本案中，林川市检察院于2016年10月14日向林川市林业局发出《检察建议书》，2016年11月14日林川市林业局对《检察建议书》作出书面回复，符合2个月的期限要求。

3. 根据《行政诉讼法》第25条第4款的规定，人民检察院在履行职责中发现生态环境和资源保护、食品药品安全、国有财产保护、国有土地使用权出让等领域负有监督管理职责的行政机关违法行使职权或者不作为，致使国家利益或者社会公共利益受到侵害的，应当向行政机关提出检察建议，督促其依法履行职责。行政机关不依法履行职责的，人民检察院依法向人民法院提起诉讼。本案属于生态环境和资源保护行政公益诉讼案，行政公益诉讼的诉前程序要求，检察院发现行政机关违法行使职权或者不作为，应当向行政机关提出检察建议，督促其依法履行职责。林川市检察院于2016年10月14日向林川市林业局发出001号《检察建议书》，履行了行政公益诉讼的诉前程序，石林区检察院经指定管辖作为公益诉讼起诉人向法院提起行政公益诉讼，符合程序要求。

4. 根据《检察公益诉讼解释》第22条的规定，人民检察院提起行政公益诉讼应当提交下列材料：①行政公益诉讼起诉书，并按照被告人数提出副本；②被告违法行使职权或者不作为，致使国家利益或者社会公共利益受到侵害的证明材料；③已经履行诉前程序，行政机关仍不依法履行职责或者纠正违法行为的证明材料。本案中，石林区检察院起诉应当提交行政公益诉讼起诉书、林川市林业局不履行职责致使国家利益或者社会公共利益受到侵害的证明材料、检察机关已经履行诉前程序而林川市林业局仍不依法履行职责或者纠正违法行为的证明材料。

5. 根据《检察公益诉讼解释》第24条的规定，在行政公益诉讼案件审理过程中，被告纠正违法行为或者依法履行职责而使人民检察院的诉讼请求全部实现，人民检察院撤回起诉的，人民法院应当裁定准许；人民检察院变更诉讼请求，请求确认原行政行为违法的，人民法院应当判决确认违法。本案中，石林区检察院在案件审理过程中能撤回起诉的条件是，林川市林业局依法履行职责而使检察院的诉讼请求全部实现。满足此条件，石林区检察院在案件审理过程中才能撤回起诉，否则不能撤回起诉。

6. 根据《森林法》第66条的规定，县级以上人民政府林业主管部门依照《森林法》规定，对森林资源的保护、修复、利用、更新等进行监督检查，依法查处破坏森林资源等违法行为。根据《森林法》第39条第1款的规定，禁止毁林开垦、采石、采砂、采土以及其他毁坏林木和林地的行为。根据《森林法》第74条第1款的规定，违反《森林法》规定，进行开垦、采石、采砂、采土或者其他活动，造成林木毁坏的，由县级以上人民政府林业主管部门责令停止违法行为，限期在原地或者异地补种毁坏株数1倍以上3倍以下的树木，可以处毁坏林木价值5倍以下的罚款；造成林地毁坏的，由县级以上人民政府林业主管部门责令停止违法行为，限期恢复植被和林业生产条件，可以处恢复植被和林业生产条件所需费用3倍以下的罚款。因此，因人为行为造成森林、林木受到毁坏的，应由林业主管部门履行管理和监督的职责。本案中，玖玖矿业有限责任公司违法烧矿毁坏影响区林木的行为属于林川市林业局的管理范围。林川市林业局虽然曾要求玖玖矿业有限责任公司熄灭开采区内焚烧煤矸石的火源并补种树苗，但并未针对影响区内被毁坏的林木履行管理和监督的职责，而是将之移送林川市环境保护局查处。根据《大气污染防治法》第99条的规定，违反《大气污染防治法》规定，有下列行为之一的，由县级以上人民政府生态环境主管部门责令改正或者限制生产、停产整治，并处10万元以上100万元以下的罚款；情节严重的，报经有批准权的人民政府批准，责令停业、关闭：①未依法取得排污许可证排放大气污染物的；②超过大气污染物排放标准或者超过重点大气污染物排放总量控制指标排放大气污染物的；③通过逃避监管的方式排放大气污染物的。因此，生态环境主管部门仅能针对大气污染的行为进行查处，并无管理和监督被毁林地及督促植被恢复的职责，生态环境主管部门对大气污染的行政处罚行为，亦不能免除林业主管部门对被毁林地的管理和监督职责。故林川市林业局存在怠于履行监管职责的情形。

7. 根据《检察公益诉讼解释》第25条的规定，人民法院区分下列情形作出行政公益诉讼判决：①被诉行政行为具有《行政诉讼法》第74条、第75条规定情形之一的，判决确认违法或者确认无效，并可以同时判决责令行政机关采取补救措施；……③被诉行政机关不履行法定职责的，判决在一定期限内履行；……人民法院可以将判决结果告知被诉行政机关所属的人民政府或者其他相关的职能部门。本案中，林川市林业局存在怠于履行监管职责的行为。玖玖矿业有限责任公司违法烧矿毁坏影响区林木的行为属于林川市林业局的管理范围。林川市林业局虽然曾要求玖玖矿业有限责任公司熄灭开采区内焚烧煤矸石的火源并补种树苗，但并未针对影响区内被毁坏的林木履行管理和监督的职责，而是将之移送林川市环境保护局查处。林川市环境保护局对大气污染的行政处罚行为，亦不能免除林业局对被毁林地的管理和监督之职。林川市林业局未针对被毁坏的影响区林木作出任何林业行政管理和监督的行为，即为怠于履行监管之职。焚烧煤矸石的火源仍未熄灭，并持续向空中散发有害气体，玖玖矿业有限责任公司露天焚烧煤矸石毁坏影响区森林的违法行为仍在持续之中，影响区亦仍有大片被熏死的林木存在，国家和社会公共利益受侵害的状态仍然存在。故法院应判决确认被告林川市林业局对玖玖矿业有限责任公司非法烧矿毁坏森林的行为未依法履行职责违法，责令林川市林业局对玖玖矿业有限责任公司非法烧矿毁坏森林的行为依法履行监管职责。

8. 根据《行政诉讼法》第25条第4款的规定，人民检察院在履行职责中发现生态环境和资源保护、食品药品安全、国有财产保护、国有土地使用权出让等领域负有监督管理职责的行政机关违法行使职权或者不作为，致使国家利益或者社会公共利益受到侵害的，应当向行政机关提出检察建议，督促其依法履行职责。行政机关不依法履行职责的，人民检察院依法向人民法院提起诉讼。由此可知，只有检察院才能向法院提起行政公益诉讼，某合法登记的环保公益组织不具有行政公益诉讼的起诉人资格，法院不予受理某合法登记的环保公益组织针对林川市林业局未履行职责行为提起的行政诉讼。

📝 答题要点

1. 石林区检察院向法院提起行政诉讼，确认林川市林业局行为违法，责令林川市林业局履行职责，本案的起诉人是石林区检察院，被告是林川市林业局。（1分）根据《检察公益诉讼解释》第5条第2款的规定，基层检察院提起行政公益诉讼案件，由被告所在地基层法院管辖。（1分）因此，本案的管辖法院是林川市林业局所在地的基层法院。（1分）

2. 符合。（1分）根据《检察公益诉讼解释》第21条的规定，行政机关应当在收到检察建议书之日起2个月内书面回复人民检察院。（1分）林川市检察院于2016年10月14日向林川市林业局发出《检察建议书》，2016年11月14日林川市林业局对《检察建议书》作出书面回复，符合2个月的期限要求。（2分）

3. 石林区检察院的起诉符合行政公益诉讼的程序要求。（1分）根据《行政诉讼法》第25条的规定，检察院发现行政机关违法行使职权或者不作为，应当向行政机关提出检察建议，督促其依法履行职责，行政机关不依法履行职责的，检察院向法院提起诉讼。本案中，林川市检察院发出《检察建议书》履行了诉前程序，石林区检察院经指定管辖作为起诉人向法院提起行政公益诉讼，符合程序要求。（3分）

4. 根据《检察公益诉讼解释》第22条的规定，石林区检察院起诉应当提交行政公益诉讼起诉书（1分）、林川市林业局不履行职责致使国家利益或者社会公共利益受到侵害的证明材料（1分）、检察机关已经履行诉前程序而林川市林业局仍不依法履行职责或者纠正违法行为的证明材料（1分）。

5. 石林区检察院在案件审理过程中不能撤回起诉。（1分）根据《检察公益诉讼解释》第24条的规定，石林区检察院在案件审理过程中，能撤回起诉的条件是林川市林业局依法履行职责而使检察院的诉讼请求全部实现，否则检察院不能撤回起诉。（2分）

6. 存在。（1分）根据《森林法》第66、39、74条的规定，因人为行为造成森林、林木受到毁坏的，应由林业主管部门履行管理和监督的职责。玖玖矿业有限责任公司违法烧矿毁坏影响区林木的行为属于林川市林业局的职责范围。（1分）林川市林业局虽然曾要求玖玖矿业有限责任公司熄灭开采区内焚烧煤矸石的火源并补种树苗，但并未针对影响区内被毁坏的林木履行管理和监督的职责，而是将之移送林川市环境保护局查处。（1分）根据《大气污染防治法》第99条的规定，生态环境主管部门仅能针对大气污染的行为进行查处，并无管理和监督被毁林地及督促植被恢复的职责，生态环境主管部门对大气污染的行政处罚行为，亦不能免除林业主管部门对被毁林地的管理和监督职责。（1分）故林川市林业局存在怠于履行监管职责的情形。（1分）

7. 根据《检察公益诉讼解释》第25条的规定，法院应确认被告林川市林业局对玖玖矿业有限责任公司非法烧矿毁坏森林的行为未依法履行职责违法（1分），责令林川市林业局对玖玖矿业有限责任公司非法烧矿毁坏森林的行为依法履行监管职责（2分）。

8. 法院不予受理。（1分）根据《行政诉讼法》第25条的规定，只有检察院才能向法院提起行政公益诉讼，某合法登记的环保公益组织不具有行政公益诉讼的起诉人资格，法院不予受理某合法登记的环保公益组织针对林川市林业局未履行职责行为提起的行政诉讼。（2分）

案例 9　某奶制品企业诉市场监管局处理决定案

案情：甲省政府为了更好地维护市场经济秩序，根据《规章制定程序条例》制定了《关于进一步整顿市场秩序的规定》（以下简称《规定》）。甲省乙市市场监管局（位于乙市A区）根据群众举报，对辖区内某奶制品企业进行检查，发现该企业在生产奶制品的过程中使用国家明令禁止的添加剂。乙市市场监管局根据甲省政府制定的《规定》，决定查封该企业的生产设备，并最终对该企业作出吊销该企业营业执照的处罚决定。该企业向乙市政府（位于乙市B区）申请行政复议，乙市政府维持了乙市市场监管局的处理决定，复议过程中，乙市政府虽然发现《规定》中的某些规定不合法，但没有进行处理。该企业不服，向人民法院提起行政诉讼，对《规定》提出附带审查。

问题：（共28分）

1. 《规定》能否设定查封和吊销企业营业执照？为什么？（5分）
2. 某奶制品企业对乙市市场监管局的查封决定和处罚决定能否申请听证？请说明法律依据。（4分）
3. 乙市政府在行政复议中发现《规定》中的某些规定不合法，应当如何处理？（3分）
4. 如何确定本案的被告？（4分）
5. 如何确定本案的级别管辖和地域管辖？（4分）
6. 某奶制品企业提起行政诉讼时能否对《规定》提出附带审查？为什么？（4分）
7. 被诉行政行为合法性的举证责任由谁承担？（4分）

核心考点

行政处罚与行政强制的设定、听证　行政复议的附带审查　行政诉讼的被告、管辖、举证责任、附带审查规范性文件

解题思路

1. 根据《行政处罚法》第14条第2款的规定，尚未制定法律、法规的，地方政府规章对违反行政管理秩序的行为，可以设定警告、通报批评或者一定数额罚款的行政处罚。由此可知，省级政府制定的规章，可以设定警告、通报批评或者一定数额的罚款的行政处罚。在本案中，甲省政府制定的《规定》属于地方政府规章，按照规定只能设定一定数额的罚款和警告、通报批评的处罚，而不能设定吊销企业营业执照。

根据《行政强制法》第9、10条的规定，尚未制定法律，且属于国务院行政管理职权事项的，行政法规可以设定除限制公民人身自由和冻结存款、汇款以及应当由法律规定的行政强制措施以外的其他行政强制措施。尚未制定法律、行政法规，且属于地方性事务的，地方性法规可以设定查封场所、设施或者财物以及扣押财物的行政强制措施。法律、法规以外的其他规范性文件不得设定行政强制措施。在本案中，甲省政府作出的《规定》属于行政规章，不可以设定任何强制措施，因此《规定》不能设定查封。

2. 乙市市场监管局根据群众举报以及省政府的相关规定，在发现某奶制品企业在生产奶制品的过程中使用国家明令禁止的添加剂后，查封了该企业的生产设备。该查封措施是为制止企业的违法行为、避免危害发生、控制危险扩大等情形而采取的，是一种暂时性控制行为，属于行政强制措施，适用《行政强制法》。根据《行政强制法》第18条第5、6项的规定，行政机关实施行政强制措施时应当当场告知当事人采取行政强制措施的理由、依据以及当事人依法享有的权利、救济途径；应当听取当事人的陈述和申辩。由此可知《行政强制法》没有规定当事人具有申请听证的权利。因而对于乙市市场监管局的查封行为，某奶制品企业不可以申请听证。

乙市市场监管局最终对该企业作出吊销营业执照的决定，这是一种具备惩戒性质的行政行为，属于行政处罚，适用《行政处罚法》。根据《行政处罚法》第63条第1款第3项的规定，行政机关拟作出下列行政处罚决定，应当告知当事人有要求听证的权利，当事人要求听证的，行政机关应当组织听证：……③降低资质等级、吊销许可证件；……吊销营业执照属于吊销许可证件。根据上述规定，乙市市场监管局应当告知某奶制品企业有要求举行听证的权利，某奶制品企业可以对该处罚决定申请听证。

3. 根据《行政复议法》第27条的规定，行政复议机关在对被申请人作出的具体行政行为进行审查时，认为其依据不合法，本机关有权处理的，应当在30日内依法处理；无权处理的，应当在7日内按照法定程序转送有权处理的国家机关依法处理。处理期间，中止对具体行政行为的审查。在本案中，该企业向乙市政府申请行政复议，乙市政府作为复议机关，无权处理甲省政府作出的《规定》，应当在7日内按照法定程序逐级报请或者直接转送甲省政府进行依法处理，在甲省政府处理该规定期间，乙市政府应当中止对乙市市场监管局向某奶制品企业作出的行政行为的审查。

4. 乙市政府在行政复议中补充了该企业在生产奶制品的过程中使用超过保质期的食品原料相关证据后，维持了乙市市场监管局的处理决定。根据《行政诉讼法》第26条第2款的规定，经复议的案件，复议机关决定维持原行政行为的，作出原行政行为的行政机关和复议机关是共同被告；复议机关改变原行政行为的，复议机关是被告。《行诉解释》第22条第1款规定，《行政诉讼法》第26条第2款规定的"复议机关改变原行政行为"，是指复议机关改变原行政行为的处理结果。复议机关改变原行政行为所认定的主要事实和证据、改变原行政行为所适用的规范依据，但未改变原行政行为处理结果的，视为复议机关维持原行政行为。本案中，乙市政府作为复议机关，在复议中补充了证据，但是没有改变乙市市场监管局的处理结果，因此乙市政府的行为属于复议维持，作出原行政行为的乙市市场监管局和复议机关乙市政府是共同被告。

5. 根据《行政诉讼法》第18条第1款的规定，行政案件由最初作出行政行为的行政机关所在地人民法院管辖。经复议的案件，也可以由复议机关所在地人民法院管辖。本案中，乙市市场监管局作出的行为经过了复议，本案属于经过复议的案件，既可以由最初作出行政行为的乙市市场监管局所在的乙市A区的法院管辖，也可以由乙市政府所在的乙市B区的法院管辖。根据《行诉解释》第134条第3款的规定，复议机关作共同被告的案件，以作出原行政行为的行政机关确定案件的级别管辖。在本案中，以作出原行政行为的乙市市场监管局确定级别管辖。《行政诉讼法》第14条规定，基层人民法院管辖第一审行政案件。因此本案由乙市A区或者乙市B区的基层法院管辖。

6. 根据《行政诉讼法》第53条的规定，公民、法人或者其他组织认为行政行为所依据的国务院部门和地方人民政府及其部门制定的规范性文件不合法，在对行政行为提起诉讼时，可以一并请求对该规范性文件进行审查。前述规范性文件不含规章。规范性文件是指行政机关为了执行法律、法规和规章以及实现行政目的，制定发布的，除行政法规和规章之外的，具有普遍约束力的决定、命令和行政措施。在本案中，《规定》是甲省政府根据《规章制定程序条例》制定的具有普遍约束力的规章，不是规范性文件，某奶制品企业不能够在提起行政诉讼时一并要求审查该《规定》。

7. 如上所述，本案是复议维持的案件，乙市市场监管局和乙市政府是共同被告。根据《行诉解释》第135条第2款的规定，作出原行政行为的行政机关和复议机关对原行政行为合法性共同承担举证责任，可以由其中一个机关实施举证行为。复议机关对复议决定的合法性承担举证责任。在本案中，乙市市场监管局和乙市政府共同承担举证责任，可以由其中一个机关实施举证行为，乙市政府作为复议机关，要对复议决定的合法性承担举证责任。

▶ **答题要点**

1. 不能。（1分）根据《行政处罚法》第14条第2款的规定，甲省政府制定的规章只可以设定警告、通报批评或者一定数额罚款的行政处罚，甲省政府的《规定》作为地方政府规章不能设定吊销企业营业执照。（2分）根据《行政强制法》第10条第4款的规定，法律、法规以外的其他规范性文件不得设定行政强制措施，甲省政府的《规定》不能设定查封。（2分）

2. 某奶制品企业对乙市市场监管局的查封决定不能申请听证，对处罚决定能申请听证。（2分）《行政强制法》对行政强制措施没有规定听证制度。（1分）根据《行政处罚法》第63条第1款第3项的规定，行政机关作出的吊销执照的决定作为吊销许可证件的处罚，属于听证范围。（1分）

3. 根据《行政复议法》第27条的规定，乙市政府在行政复议中发现《规定》中某些规定不合法，应当在7日内按照法定程序转送有权处理的国家机关依法处理。（3分）

4. 根据《行诉解释》第22条第1款的规定，乙市政府补充相关证据后维持了乙市市场监管局的处理决定，视为复议机关维持原行政行为。（2分）根据《行政诉讼法》第26条第2款的规定，本案属于复议维持案件，乙市市场监管局和乙市政府为共同被告。（2分）

5. 根据《行政诉讼法》第18条第1款的规定，本案属于经复议的案件，可以由乙市市场监管局所在地的乙市A区法院管辖，也可以由乙市政府所在地的乙市B区法院管辖。（2分）根据《行诉解释》第134条第3款的规定，本案属于复议机关作共同被告的案件，以乙市市场监管局确定案件的级别管辖，本案由基层法院管辖。（2分）

6. 不能。（1分）根据《行政诉讼法》第53条的规定，公民、法人或者其他组织提起行政诉讼时，可以一并请求对行政行为所依据的规范性文件进行审查，但该规范性文件不含规章。甲省政府的《规定》属于规章，因此某奶制品企业提起行政诉讼时不能对《规定》提出附带审查。（3分）

7. 根据《行诉解释》第135条第2款的规定，乙市市场监管局和乙市政府对乙市市场监管局决定的合法性共同承担举证责任（2分），乙市政府对复议决定的合法性承担举证责任（2分）。

案例 10　某燃气公司诉某市政府解除特许经营协议案

案情： 为了实现城市居民天然气供应，2011 年 7 月 15 日，某市政府授权市住房和城乡建设局与某燃气公司签订《天然气综合利用项目合作协议》，约定由某燃气公司在该市从事城市天然气特许经营，特许经营期限为 30 年。

协议签订后，某燃气公司办理了一部分开工手续，并对项目进行了开工建设，但一直未能完工。

2014 年 7 月 10 日，市住房和城乡建设局发出催告通知，告知某燃气公司在收到通知后 2 个月内抓紧办理天然气经营许可手续，否则将收回燃气授权经营区域。

2015 年 6 月 29 日，某燃气公司向市政府出具项目建设保证书，承诺在办理完相关手续后 3 个月内完成项目建设，否则自动退出授权经营区域。

随后市政府多次催促某燃气公司完成天然气项目建设，但某燃气公司长期无法完工，致使授权经营区域内居民供气目的无法实现。

2016 年 4 月 6 日，市政府决定解除《天然气综合利用项目合作协议》并收回某燃气公司的特许经营权。

某燃气公司不服，遂向法院起诉请求撤销市政府解除《天然气综合利用项目合作协议》并收回其天然气特许经营权的行为。

（案例来源：最高法发布十个行政协议参考案例之九）

材料：

《市政公用事业特许经营管理办法》（中华人民共和国建设部令第 126 号，于 2004 年 2 月 24 日经第 29 次部常务会议讨论通过，自 2004 年 5 月 1 日起施行；中华人民共和国住房和城乡建设部令第 24 号，于 2015 年 5 月 4 日修改，自 2015 年 5 月 4 日起施行）

第 25 条　主管部门应当建立特许经营项目的临时接管应急预案。

对获得特许经营权的企业取消特许经营权并实施临时接管的，必须按照有关法律、法规的规定进行，并召开听证会。

问题：（共 28 分）

1. 《天然气综合利用项目合作协议》属于民事协议还是行政协议？本案是民事诉讼还是行政诉讼？（4 分）

2. 如何确定本案的被告？（4 分）

3. 若市住房和城乡建设局与某燃气公司签订的《天然气综合利用项目合作协议》中约定由协议订立地基层法院管辖，本案管辖能否从其约定？为什么？（4 分）

4. 某燃气公司的起诉是适用民法规定的诉讼时效还是适用行政诉讼法规定的起诉期限？为什么？（4 分）

5. 如何确定本案的举证责任？若对某燃气公司是否完成项目建设产生争议，由谁承担举证责任？（4分）

6. 市政府解除《天然气综合利用项目合作协议》并收回某燃气公司的特许经营权是否合法？为什么？（4分）

7. 法院如何判决？（4分）

> **核心考点**

行政协议的概念与解除　行政诉讼的被告、级别管辖、起诉期限、审理对象、举证责任、判决

解题思路

1. 根据《行政协议案件规定》第1条的规定，行政机关为了实现行政管理或者公共服务目标，与公民、法人或者其他组织协商订立的具有行政法上权利义务内容的协议，属于《行政诉讼法》第12条第1款第11项规定的行政协议。本案中《天然气综合利用项目合作协议》是为了实现城市居民天然气供应，行政机关是为了实现公共服务目标与某燃气公司签订了该协议，因此，《天然气综合利用项目合作协议》属于行政协议中的政府特许经营协议。

根据《行政诉讼法》第12条第1款的规定，人民法院受理公民、法人或者其他组织提起的下列诉讼：……⑪认为行政机关不依法履行、未按照约定履行或者违法变更、解除政府特许经营协议、土地房屋征收补偿协议等协议的；……根据《行政协议案件规定》第2条的规定，公民、法人或者其他组织就下列行政协议提起行政诉讼的，人民法院应当依法受理：①政府特许经营协议；……根据《行政协议案件规定》第4条第1款的规定，因行政协议的订立、履行、变更、终止等发生纠纷，公民、法人或者其他组织作为原告，以行政机关为被告提起行政诉讼的，人民法院应当依法受理。本案中，市政府决定解除《天然气综合利用项目合作协议》收回某燃气公司天然气特许经营权，某燃气公司不服向法院提起诉讼，属于行政诉讼。

2. 根据《行政诉讼法》第26条第5款的规定，行政机关委托的组织所作的行政行为，委托的行政机关是被告。根据《行政协议案件规定》第4条第2款的规定，因行政机关委托的组织订立的行政协议发生纠纷的，委托的行政机关是被告。本案中，市政府授权市住房和城乡建设局与某燃气公司签订行政协议，视为市政府委托市住房和城乡建设局与某燃气公司订立的行政协议，因此，市政府是委托的行政机关。因市政府解除行政协议收回某燃气公司天然气特许经营权发生纠纷的，委托机关——市政府是本案的被告。

3. 根据《行政诉讼法》第15条第1项的规定，中级人民法院管辖下列第一审行政案件：①对国务院部门或者县级以上地方人民政府所作的行政行为提起诉讼的案件；……本案中市政府为被告，对县级以上地方人民政府所作的行政行为提起诉讼的案件由中级人民法院管辖。因此，本案的级别管辖法院为中级法院。根据《行政协议案件规定》第7条的规定，当事人书面协议约定选择被告所在地、原告所在地、协议履行地、协议订立地、标的物所在地等与争议有实际联系地点的人民法院管辖的，人民法院从其约定，但违反级别管辖和专属管辖的除外。市住房和城乡建设局与某燃气公司签订的《天然气综合利用项目合作协议》中约定协议订立地基层法院管辖，违反了级别管辖，因此，本案管辖不能从其约定。

4. 根据《行政协议案件规定》第25条的规定，公民、法人或者其他组织对行政机关不依法履行、未按照约定履行行政协议提起诉讼的，诉讼时效参照民事法律规范确定；对行政机关变更、解除行政协议等行政行为提起诉讼的，起诉期限依照《行政诉讼法》及其司法解释确定。本案中，市政府决定解除《天然气综合利用项目合作协议》并收回某燃气公司的特许经营权。某燃气公司对市政府解除行政协议的行为不服提起诉讼的，属于对行政机关变更、解除行政协议等行政行为提起诉讼，某燃气公司的起诉应当适用行政诉讼法及其司法解释确定的起诉期限。

5. 根据《行政协议案件规定》第10条第1款的规定，被告对于自己具有法定职权、履行法定程序、履行相应法定职责以及订立、履行、变更、解除行政协议等行为的合法性承担举证责任。本案中，原告某燃气公司对被告市政府解除行政协议的行为不服提起诉讼的，被告市政府对其解除《天然气综合利用项目合作协议》并收回某燃气公司的特许经营权行为的合法性承担举证责任。

根据《行政协议案件规定》第10条第3款的规定，对行政协议是否履行发生争议的，由负有履行义务的当事人承担举证责任。若对某燃气公司是否完成项目建设产生争议，由负有履行义务的当事人某燃气公司承担举证责任。

6. 市政府与某燃气公司订立的行政协议《天然气综合利用项目合作协议》是为了公共利益，为实现城市居民天然气供应。在该行政协议履行过程中，某燃气公司长期无法完工，致使授权经营区域内居民供气目的无法实现，损害了社会公共利益，市政府有权解除特许经营协议并收回某燃气公司的特许经营权。根据《市政公用事业特许经营管理办法》第25条的规定，主管部门应当建立特许经营项目的临时接管应急预案。对获得特许经营权的企业取消特许经营权并实施临时接管的，必须按照有关法律、法规的规定进行，并召开听证会。本案中，市政府决定解除《天然气综合利用项目合作协议》并收回某燃气公司的特许经营权，但未依据《市政公用事业特许经营管理办法》第25条的规定告知某燃气公司享有听证的权利，其未能履行相应的告知义务，违反法定程序。因此，市政府解除《天然气综合利用项目合作协议》并收回某燃气公司的特许经营权不合法。

7. 根据《行政诉讼法》第70条第3项的规定，行政行为有下列情形之一的，人民法院判决撤销或者部分撤销，并可以判决被告重新作出行政行为：……③违反法定程序的；……根据《行政诉讼法》第74条第1款第1项的规定，行政行为有下列情形之一的，人民法院判决确认违法，但不撤销行政行为：①行政行为依法应当撤销，但撤销会给国家利益、社会公共利益造成重大损害的；……本案中，市政府解除《天然气综合利用项目合作协议》并收回某燃气公司的特许经营权的行为违反法定程序，人民法院应当判决撤销，但该行为涉及社会公共利益，一旦撤销会影响城市发展需要和居民供气需求，对公共利益造成损害，因此法院应判决确认违法，但不撤销行政行为。

答题要点

1. 根据《行政协议案件规定》第1条的规定，《天然气综合利用项目合作协议》是为了实现城市居民天然气供应，属于行政协议中的政府特许经营协议。（2分）

根据《行政诉讼法》第 12 条第 1 款第 11 项和《行政协议案件规定》第 2 条、第 4 条第 1 款的规定，市政府决定解除《天然气综合利用项目合作协议》并收回某燃气公司天然气特许经营权，某燃气公司提起的诉讼属于行政诉讼。（2 分）

2. 根据《行政协议案件规定》第 4 条第 2 款的规定，市政府授权市住房和城乡建设局与某燃气公司签订行政协议，视为市政府委托市住房和城乡建设局订立的行政协议（2 分），因市政府解除行政协议并收回某燃气公司天然气特许经营权发生纠纷的，市政府是本案的被告（2 分）。

3. 本案管辖不能从其约定。（1 分）由于本案被告为市政府，根据《行政诉讼法》第 15 条第 1 项的规定，本案的级别管辖法院为中级法院（1 分）；根据《行政协议案件规定》第 7 条的规定，市住房和城乡建设局与某燃气公司签订的《天然气综合利用项目合作协议》中约定由协议订立地基层法院管辖，违反了本案的级别管辖，不能从其约定（2 分）。

4. 适用行政诉讼法规定的起诉期限。（1 分）根据《行政协议案件规定》第 25 条的规定，本案属于对行政机关解除行政协议提起诉讼的情形（2 分），起诉期限依照《行政诉讼法》及其司法解释确定（1 分）。

5. 根据《行政协议案件规定》第 10 条第 1 款的规定，市政府对其解除《天然气综合利用项目合作协议》并收回某燃气公司的特许经营权行为的合法性承担举证责任。（2 分）

根据《行政协议案件规定》第 10 条第 3 款的规定，对某燃气公司是否完成项目建设产生争议，由某燃气公司承担举证责任。（2 分）

6. 不合法。（1 分）市政府解除《天然气综合利用项目合作协议》并收回某燃气公司的特许经营权，应依据《市政公用事业特许经营管理办法》第 25 条的规定告知某燃气公司享有听证的权利（1 分），但其未能履行相应的告知义务，违反法定程序（2 分）。

7. 虽然市政府解除《天然气综合利用项目合作协议》并收回某燃气公司的特许经营权的行为违法，但涉及社会公共利益，该行为一旦撤销会影响城市发展需要和居民供气需求（2 分），根据《行政诉讼法》第 74 条第 1 款第 1 项的规定，法院不适用撤销判决，应适用确认违法判决。（2 分）

案例 11　苏向荣申请滨海市政府土地行政复议案

案情： 江海省滨海市宁海区人民政府于2012年11月向鲁德顺颁发宁集用（2012）第0301538号《集体土地使用证》，确认鲁德顺为滨海市宁海区城东街道东湾蟠洋山路188号4-57-43号地的土地使用者，并确认土地使用权面积为120平方米，使用权类型为批准拨用宅基地，土地用途为农村宅基地。

苏向荣对该行为不服，于2015年5月4日向滨海市人民政府提出行政复议申请，请求依法撤销宁海区人民政府向鲁德顺颁发的宁集用（2012）第0301538号《集体土地使用证》。滨海市人民政府经审查，于2015年11月27日作出滨政复决（2015）17号行政复议决定，认为宁海区人民政府向鲁德顺颁发《集体土地使用证》的行为与苏向荣无利害关系，驳回苏向荣要求撤销宁海区政府颁发给鲁德顺宁集用（2012）第0301538号《集体土地使用证》的复议请求。

苏向荣不服，起诉至法院，请求撤销滨海市人民政府滨政复决（2015）17号行政复议决定和宁海区政府宁集用（2012）第0301538号《集体土地使用证》，并责令两被告赔偿其自1993年起因邻居纠纷而损失的经济费用和精神损失费。江海省滨海市中级人民法院一审认为：苏向荣诉讼请求不明确。经释明，苏向荣拒绝变更其诉讼请求，其起诉不符合《行政诉讼法》规定的起诉条件。据此，滨海市中级人民法院作出（2015）江滨行初字第53号行政裁定，驳回苏向荣的起诉。

苏向荣不服，向江海省高级人民法院提起上诉。江海省高级人民法院未经公开开庭审理，作出（2016）江行终265号行政裁定，裁定驳回上诉，维持原裁定。

苏向荣不服江海省高级人民法院（2016）江行终265号行政裁定，向最高人民法院申请再审。

[案例来源：最高人民法院（2016）最高法行申2671号
行政裁定书，案例中的人名、地名均为化名]

问题：（共27分）

1. 法律上如何处理行政复议与行政诉讼的关系？（4分）

2. 苏向荣对宁海区人民政府向鲁德顺颁发的宁集用（2012）第0301538号《集体土地使用证》不服，能否直接向人民法院提起行政诉讼？为什么？（5分）

3. 宁海区人民政府和滨海市人民政府能否为共同被告？为什么？（5分）

4. 苏向荣应如何提出诉讼请求？（4分）

5. （2015）江滨行初字第53号行政裁定驳回苏向荣的起诉是否合法？为什么？（5分）

6. 若宁海区人民政府向鲁德顺颁发的宁集用（2012）第0301538号《集体土地使用证》被认定违法，苏向荣自1993年起因邻居纠纷而损失的经济费用和精神损失费能否得到国家赔偿？为什么？（4分）

核心考点

行政复议与行政诉讼的关系　行政诉讼的被告与起诉条件　国家赔偿范围

解题思路

1. 行政诉讼和行政复议，其上位概念都是行政争议，它们的共同目标都是对行政行为的合法性进行审查并解决行政争议。两者的根本区别在于纷争解决的机关不同以及依据的程序不同。关于行政复议与行政诉讼如何衔接，《行政诉讼法》第 44 条规定，对属于人民法院受案范围的行政案件，公民、法人或者其他组织可以先向行政机关申请复议，对复议决定不服的，再向人民法院提起诉讼；也可以直接向人民法院提起诉讼。法律、法规规定应当先向行政机关申请复议，对复议决定不服再向人民法院提起诉讼的，依照法律、法规的规定。由此可知，在行政复议与行政诉讼的关系方面，我国采取的是一种"原告选择为原则，复议前置为例外"的模式。也就是说，除非法律法规作出特别规定，行政复议并非提起行政诉讼之前的必经程序。而在原告选择方面，既可以选择先申请复议，再提起诉讼，也可以选择不申请复议，直接提起诉讼。如果同时选择了复议和诉讼，则应复议在先、诉讼在后，而不能在诉讼之后再申请复议，更不能复议和诉讼两种程序同时进行。

2. 根据《行政复议法》第 30 条第 1 款的规定，公民、法人或者其他组织认为行政机关的具体行政行为侵犯其已经依法取得的土地、矿藏、水流、森林、山岭、草原、荒地、滩涂、海域等自然资源的所有权或者使用权的，应当先申请行政复议；对行政复议决定不服的，可以依法向人民法院提起行政诉讼。宁海区人民政府于 2012 年 11 月向鲁德顺颁发宁集用（2012）第 0301538 号《集体土地使用证》属于行政机关对土地使用权的行政确认行为，苏向荣对宁海区人民政府向鲁德顺颁发的《集体土地使用证》不服，应当先申请行政复议；对行政复议决定不服的，可以依法向人民法院提起行政诉讼。

3.《行政诉讼法》第 26 条第 2 款规定，经复议的案件，复议机关决定维持原行政行为的，作出原行政行为的行政机关和复议机关是共同被告；复议机关改变原行政行为的，复议机关是被告。复议机关和作出原行政行为的行政机关作共同被告的前提是"复议机关决定维持原行政行为"。所谓"决定维持原行政行为"，根据《行政复议法》第 28 条第 1 款第 1 项的规定，指的是行政复议机关对被申请人作出的具体行政行为进行审查之后，认为具体行政行为认定事实清楚，证据确凿，适用依据正确，程序合法，内容适当，从而作出维持具体行政行为的决定。这种处理是就案件实体问题所作的处理，其实质是肯定被申请人的具体行政行为，对申请人的请求实体上不予支持。《行政复议法实施条例》第 48 条还规定了两种"应当决定驳回行政复议申请"的情形，这就是第 1 款第 1 项"申请人认为行政机关不履行法定职责申请行政复议，行政复议机关受理后发现该行政机关没有相应法定职责或者在受理前已经履行法定职责的"和第 2 项"受理行政复议申请后，发现该行政复议申请不符合行政复议法和本条例规定的受理条件的"。第 1 项规定在性质上是对复议申请进行审查之后做出的实体处理决定，实际是维持决定的替代品和补充物，它和维持决定一样，都是对申请人的请求实体上不予支持。在这种情况下如果提起行政诉讼，就应当以复议机关和作出原行政行为的行政机关为共同被告。第 2 项规定在性质上属于对行政复议申请的程序性驳回，既不属于维持原行政行为，也不属于改变原行政行为，因为行政复议机关并没有对被申请的行政行为的合法性作出认定和处理。在这种情况下，如果提起行政诉讼，要么单独起诉原行政行为，要么单独起诉复议机关的不作为，不能同时以原行政机关和复议机关为共同被告。《行诉解释》第 133 条规定，《行政诉讼法》第 26 条第 2 款规定的"复议机关决定维持原行政行为"，包括复议机关驳回复议申请或者复议请求的情形，但以复议申请不符合受理条件为由驳回的除外。本案中，滨海市人民政府所作的滨政复决（2015）17 号行政复议决定在性质上就属于认为苏向荣与被申请的行政行为"无利害关系"进而程序性驳回其复议申请的决定，这从该决定所依据的《行政复议法实施条例》第 28

条以及第 48 条第 1 款第 2 项等条款就可以作出明确判断。苏向荣认为，复议机关对其复议申请已经"依法予以受理"，所作的复议决定显然是属于"驳回复议请求"的情形，而非以复议申请不符合受理条件为由驳回——程序性驳回复议申请。综上，滨海市人民政府作出的滨政复决（2015）17 号行政复议决定不能认定为复议机关决定维持原行政行为，故滨海市宁海区人民政府和滨海市人民政府不能为共同被告。

4. 苏向荣向法院同时起诉宁海区人民政府和滨海市人民政府，诉讼请求既包括撤销滨海市人民政府滨政复决（2015）17 号行政复议决定，又包括撤销宁集用（2012）第 0301538 号《集体土地使用证》，属于在行政诉讼中同时起诉作出原行政行为的机关和复议机关，诉讼请求既包括撤销原行政行为，又包括撤销驳回其复议请求的复议决定。其复议请求的主体内容恰恰也是要求复议机关撤销原行政行为。如果受理该行为，就会造成这样一种局面：人民法院一方面自己去对原行政行为的合法性进行审查，另一方面又撤销驳回苏向荣复议请求的复议决定，责令复议机关也去审查原行政行为的合法性，这种局面实质上就是该法院和复议机关针对同一个行政纠纷同时启动解决程序，这不仅有违法律规定的复议和诉讼的先后顺序，也会造成无效的重复劳动。在诉讼原理上，这也违背诉讼专属原则。所谓诉讼专属意味着，如果某一事件已专属于某一法院，作为对外效果它将排斥事件的再度专属，无论它是再度专属于另一法院，还是专属于另一个复议机关。因此，苏向荣如对滨海市人民政府的涉案行政复议决定不服，应单独以滨海市人民政府为被告提起诉讼；如系对原土地登记行为不服，应单独以宁海区人民政府为被告提起诉讼。

5. 滨海市中级人民法院向苏向荣释明：滨海市人民政府以苏向荣与其申请行政复议事项之间不存在利害关系为由而驳回其行政复议申请，故苏向荣将宁海区人民政府和滨海市人民政府作为共同被告，并对其各自所作行政行为一并提起诉讼，请求撤销滨政复决（2015）17 号行政复议决定和宁集用（2012）第 0301538 号《集体土地使用证》，属于诉讼请求不明确。但苏向荣拒绝变更其诉讼请求，因此其起诉不符合《行政诉讼法》第 49 条第 3 项规定的"提起诉讼应当有具体的诉讼请求和事实根据"的起诉条件。滨海市中级人民法院据此裁定驳回其起诉，认定事实清楚，适用法律正确，审判程序合法。因此，（2015）江滨行初字第 53 号行政裁定驳回苏向荣的起诉合法。

6. 若宁海区人民政府向鲁德顺颁发的宁集用（2012）第 0301538 号《集体土地使用证》被认定违法，苏向荣自 1993 年起因邻居纠纷而损失的经济费用和精神损失费不能得到国家赔偿。根据《国家赔偿法》第 32 条的规定，国家赔偿以支付赔偿金为主要方式。能够返还财产或者恢复原状的，予以返还财产或者恢复原状。《国家赔偿法》第 36 条规定，侵犯公民、法人和其他组织的财产权造成损害的，按照下列规定处理：①处罚款、罚金、追缴、没收财产或者违法征收、征用财产的，返还财产。②查封、扣押、冻结财产的，解除对财产的查封、扣押、冻结，造成财产损坏或者灭失的，依照本条第 3 项、第 4 项的规定赔偿。③应当返还的财产损坏的，能够恢复原状的恢复原状，不能恢复原状的，按损害程度给付相应的赔偿金。④应当返还的财产灭失的，给付相应的赔偿金。⑤财产已经拍卖或者变卖的，给付拍卖或者变卖所得的价款；变卖的价款明显低于财产价值的，应当支付相应的赔偿金。⑥吊销许可证和执照、责令停产停业的，赔偿停产停业期间必要的经常性费用开支。⑦返还执行的罚款或者罚金、追缴或者没收的金钱，解除冻结的存款或者汇款的，应当支付银行同期存款利息。⑧对财产权造成其他损害的，按照直接损失给予赔偿。《国家赔偿法》对财产损害的赔偿只赔偿直接损失不赔偿间接损失，苏向荣自1993年起因邻居纠纷而损失的经济费用不属于宁海区人民政府向鲁德顺颁发《集体土地使用证》造成的直接损失。根据《国家赔偿法》第35条的规定，有《国家赔偿法》第3条或者第17条规定情形之一，致人精神损害的，应当在侵权行为影响的范围内，为受害人消除影响，恢复名誉，赔礼道歉；造成严重后果的，应当支付相应的精神损害抚慰金。而《国家赔偿法》第3条或者第17条规定情形都是人身自由、生命健康权受到损害，由此产生精神损害抚慰金的国家赔偿。宁海区人民政府向鲁德顺颁发《集体土地使用证》并不会造成人身自由、生命健康权方面的损害。因此，苏向荣自1993年起因邻居纠纷而损失的经济费用和精神损失费不能得到国家赔偿。

答题要点

1. 根据《行政诉讼法》第44条的规定，在行政复议与行政诉讼的关系方面，我国采取的是一种"原告选择为原则，复议前置为例外"的模式。（2分）同时选择了复议和诉讼，则应复议在先、诉讼在后，而不能在诉讼之后再申请复议，更不能复议和诉讼两种程序同时进行。（2分）

2. 不能。（1分）根据《行政复议法》第30条第1款的规定，宁海区人民政府向鲁德顺颁发《集体土地使用证》属于行政机关对土地使用权的行政确认行为（2分），苏向荣对宁海区人民政府向鲁德顺颁发《集体土地使用证》不服，应当先申请行政复议；对行政复议决定不服的，可以依法向人民法院提起行政诉讼（2分）。

3. 不能。（1分）《行政诉讼法》第26条第2款规定，复议机关和作出原行政行为的行政机关作共同被告的前提是"复议机关决定维持原行政行为"。（1分）《行诉解释》第133条规定，复议机关决定维持原行政行为包括复议机关驳回复议申请或者复议请求的情形，但以复议申请不符合受理条件为由驳回的除外。（1分）滨海市人民政府以复议申请不符合受理条件为由驳回其申请，宁海区人民政府和滨海市人民政府不能为共同被告。（2分）

4. 苏向荣如对滨海市人民政府的行政复议决定不服，应单独以滨海市人民政府为被告提起诉讼（2分）；如系对原土地登记行为不服，应单独以宁海区人民政府为被告提起诉讼（2分）。

5. 合法。（1分）滨海市中级人民法院向苏向荣释明：苏向荣将宁海区人民政府和滨海市人民政府作为共同被告，并对其各自所作行政行为一并提起诉讼，属于诉讼请求不明确。（2分）苏向荣拒绝变更其诉讼请求，（2015）江滨行初字第53号行政裁定驳回苏向荣的起诉合法。（2分）

6. 不能。（1分）根据《国家赔偿法》第32、36条的规定，财产损害的赔偿只赔偿直接损失，不赔偿间接损失，苏向荣自1993年起因邻居纠纷而损失的经济费用不属于宁海区人民政府向鲁德顺颁发《集体土地使用证》造成的直接损失。（1分）根据《国家赔偿法》第35条的规定，人身自由、生命健康权损害产生精神损害抚慰金，宁海区人民政府向鲁德顺颁发《集体土地使用证》并未造成人身自由、生命健康权方面的损害。（1分）因此，苏向荣自1993年起因邻居纠纷而损失的经济费用和精神损失费不能得到国家赔偿。（1分）

案例 12　许某诉某区政府强制拆除房屋赔偿案

案情： 2014年8月31日，某区政府在当地《某市日报》上发布《某区政府关于二七区块旧城改造房屋征收范围的公告》，并公布了房屋征收范围图，明确对二七区块范围实施改造。许某位于某区五一路迎宾巷8号、9号的房屋被纳入本次房屋征收范围。

2014年9月26日，许某房屋被某建筑公司拆除。2014年10月25日，某区政府作出《某区人民政府关于迎宾巷区块旧城改造建设项目房屋征收的决定》（以下简称《房屋征收决定》），载明：因旧城区改建的需要，决定对迎宾巷区块范围内房屋实行征收；房屋征收实施单位为某区二七区块改造工程指挥部（以下简称"改造工程指挥部"）；签约期限为45日，搬迁期限为30日，具体起止日期在房屋征收评估机构选定后，另行公告；附件为《征收补偿方案》。2014年10月26日，《房屋征收决定》《征收补偿方案》在当地《某市日报》上公布。许某申请行政复议，复议机关作出不受理决定。许某向法院提起行政诉讼，请求撤销拆除房屋行为并赔偿房屋损失及屋内财产损失。法院受理案件。

诉讼中，某区政府主张2014年9月26日改造工程指挥部委托某建筑公司对已达成补偿安置协议的案外人的房屋进行拆除时，因操作不慎导致许某房屋坍塌；某建筑公司于2015年3月6日出具的情况说明也作了类似陈述。某区政府据此否认强拆行为系由政府组织实施，认为造成案涉房屋损毁的是案外人某建筑公司，并主张本案系民事侵权赔偿纠纷，与某区政府无关。

法院审理查明：改造工程指挥部工作人员给许某发送的短信记载有"我是某区二七新村区块改造工程指挥部工作人员、将对房子进行公证检查、如不配合将破门进行安全检查及公证"等内容，且许某提供了行政执法人员在拆除现场的现场照片及当地有关新闻报道等材料。

法院审理查明：许某位于某区迎宾巷8号、9号的房屋未依法办理相关建设手续，也未取得房屋所有权证。但许某房屋系在1990年4月1日《城市规划法》施行前建造的历史老房，根据许某提供其父母缴纳土地登记费、房产登记费等相关收款收据以及私有房屋所有权登记申请书等材料，认定许某房屋为合法建筑，许某通过继承和购买成为房屋所有权人。

许某向法院提供的相关照片与清单，可以判断案涉房屋内有大量鸟笼等物品。

[案例来源：最高人民法院（2017）最高法行再101号行政判决书]

材料： 《国有土地上房屋征收与补偿条例》规定，实施房屋征收应当先补偿、后搬迁。房屋征收部门与被征收人在征收补偿方案确定的签约期限内达不成补偿协议的，由房屋征收部门报请作出房屋征收决定的市、县级人民政府依照法律规定，按照征收补偿方案作出补偿决定。被征收人在法定期限内不申请行政复议或者不提起行政诉讼，在补偿决定规定的期限内又不搬迁的,由作出房屋征收决定的市、县级人民政府依法申请人民法院强制执行。

问题:(共 28 分)

1. 许某能否起诉复议机关?为什么?(4 分)
2. 本案是民事诉讼还是行政诉讼?请说明理由。(4 分)
3. 如何确定本案的被告?(4 分)
4. 许某房屋是违法建筑还是合法建筑,是否为法院审理对象?为什么?(4 分)
5. 本案中强制拆除许某房屋的行为是否违法?为什么?(4 分)
6. 本案适用行政赔偿还是行政补偿?为什么?(4 分)
7. 许某主张其屋内物品损失的赔偿,法院能否支持?为什么?(4 分)

▣ 核心考点

行政争议与民事争议的区分　行政强制执行的合法性　行政复议机关　行政诉讼的被告、审理对象、判决　行政赔偿与行政补偿的区别

解题思路

1. 根据《行政诉讼法》第45条的规定，公民、法人或者其他组织不服复议决定的，可以在收到复议决定书之日起15日内向人民法院提起诉讼。复议机关逾期不作决定的，申请人可以在复议期满之日起15日内向人民法院提起诉讼。法律另有规定的除外。根据《行政诉讼法》第26条第3款的规定，复议机关在法定期限内未作出复议决定，公民、法人或者其他组织起诉原行政行为的，作出原行政行为的行政机关是被告；起诉复议机关不作为的，复议机关是被告。本案中许某申请行政复议，复议机关作出不受理决定，符合法律规定的条件，许某可以起诉复议机关。

2. 本案中，许某房屋被强制拆除系在某区政府作为征收主体进行征收过程中发生的，许某房屋被强制拆除属于行政侵权，本案是行政诉讼。许某房屋被拆除前的2014年8月31日，某区政府即发布旧城改造房屋征收公告，将许某房屋纳入征收范围。因此，对于房屋征收过程中发生的合法房屋被强制拆除行为，首先应推定系某区政府及其确定的房屋征收部门实施的行政强制行为，并由其承担相应责任。本案虽然有某建筑公司主动承认"误拆"，但改造工程指挥部工作人员给许某发送的短信记载有"我是某区二七新村区块改造工程指挥部工作人员、将对房子进行公证检查、如不配合将破门进行安全检查及公证"等内容，且许某提供了行政执法人员在拆除现场的现场照片及当地有关新闻报道等，这些材料均能证实2014年9月26日的强制拆除系在政府主导下进行的，故某区政府主张强拆系民事侵权的理由不能成立。

3. 根据《行政诉讼法》第26条第5款的规定，行政机关委托的组织所作的行政行为，委托的行政机关是被告。《行诉解释》第20条第1款规定，行政机关组建并赋予行政管理职能但不具有独立承担法律责任能力的机构，以自己的名义作出行政行为，当事人不服提起诉讼的，应当以组建该机构的行政机关为被告。本案中某建筑公司受改造工程指挥部委托对被征收人的房屋进行拆除，其法律责任应由委托其拆除的改造工程指挥部承担；改造工程指挥部系由某区政府组建并赋予行政管理职能但不具有独立承担法律责任能力的临时机构，因此，许某不服提起行政诉讼，请求撤销拆除房屋行为并赔偿房屋损失及屋内财产损失应当以某区政府作为被告。

4. 根据《行政诉讼法》第6条的规定，人民法院审理行政案件，对行政行为是否合法进行审查。在本案中，法院审理对象是强制拆除这一行政行为的合法性，而不是孙某房屋的合法性。故许某房屋是违法建筑还是合法建筑，不是法院审理对象。

5. 根据《国有土地上房屋征收与补偿条例》第27条第1款的规定，实施房屋征收应当先补偿、后搬迁。《国有土地上房屋征收与补偿条例》第26条第1款规定，房屋征收部门与被征收人在征收补偿方案确定的签约期限内达不成补偿协议，或者被征收房屋所有权人不明确的，由房屋征收部门报请作出房屋征收决定的市、县级人民政府依照《国有土地上房屋征收与补偿条例》的规定，按照征收补偿方案作出补偿决定，并在房屋征收范围内予以公告。《国有土地上房屋征收与补偿条例》第28条第1款规定，被征收人在法定期限内不申请行政复议或者不提起行政诉讼，在补偿决定规定的期限内又不搬迁的，由作出房屋征收决定的市、县级人民政府依法申请人民法院强制执行。本案中，根据法律的规定，某区政府应当先行作出对许某房屋的征收决定并公告，然后与许某订立房屋补偿协议；如双方达不成补偿协议的，某区政府则应单方作出补偿决定。许某对补偿决定不服的，可以申请行政复议或者提起行政诉讼；许某在法定期限内不申请行政复议或者不提起行政诉讼，在补偿决定规定的期限内又不搬迁的，某区政府申请法院强制执行。法院裁定准予执行后，由某区政府组织实施，也可以由法院执行。本案中许某房屋未能签署补偿安置协议，某区政府应当及时作出拆迁安置裁决或者补偿决定，在许某不复议不起诉不履行的情况下，某区政府应当申请法院强制执行，而本案中区政府以所谓民事"误拆"的方式违法拆除许某房屋，违反法定程序，故应当认定某区政府强制拆除行为违法。

6. 行政补偿是指行政机关实施合法的行政行为，给行政相对人合法权益造成的损失，由国家依法予以补偿的制度。行政赔偿是指行政机关实施违法的行政行为，侵犯行政相对人合法权益，由国家依法予以赔偿的制度。二者的区别主要表现在：①发生的前提不同。行政赔偿由行政机关及其工作人员的违法行为引起，以违法为前提；行政补偿由行政机关及其工作人员的合法行为引起，以合法为前提。②性质不同。行政赔偿是国家对其违法行为承担的一种法律责任，其目的是恢复到合法行为所应有的状态；行政补偿不属于行政责任，它不以行政违法或过错为条件。③时间不同。行政赔偿发生在损害产生之后；行政补偿既可以发生在损害产生之前也可以发生在损害产生之后。④工作人员的责任不同。行政赔偿发生后，国家有权对作出违法行为有故意或重大过失的工作人员进行追偿；行政补偿不发生追偿问题。

本案适用行政赔偿。通常情况下，强制拆除被征收人房屋应当依据已经生效的补偿决定，而补偿决定应当已经解决了房屋本身的补偿问题。因此，即使强制拆除行为被认定为违法，通常也仅涉及对房屋内物品损失的赔偿问题，而不应涉及房屋本身的补偿或者赔偿问题。但本案在强制拆除前，既无征收决定，也无补偿决定，许某未同意拆除房屋且双方未达成补偿安置协议，区政府对许某房屋强制拆除的行为已构成违法，应当承担行政赔偿责任。

7. 根据《行政诉讼法》第38条第2款的规定，在行政赔偿、补偿的案件中，原告应当对行政行为造成的损害提供证据。因被告的原因导致原告无法举证的，由被告承担举证责任。因此，因行政机关违反程序，不依法公证或者依法制作物品清单，给原告履行举证责任造成困难的，且被告也无法举证证明实际损失金额的，法院可在原告就损失金额所提供证据能够初步证明其主张的情况下，作出不利于被告的损失金额认定。本案中许某向法院提供的相关照片与清单，可以判断房屋内有鸟笼等物品，许某已经初步证明存在损失。根据《行政赔偿案件规定》第 11 条第 2 款的规定，人民法院对于原告主张的生产和生活所必需物品的合理损失，应当予以支持；对于原告提出的超出生产和生活所必需的其他贵重物品、现金损失，可以结合案件相关证据予以认定。本案中，许某主张的房屋内鸟笼等物品属于生产和生活所必需物品，其赔偿请求应当得到支持。

答题要点

1. 许某可以起诉复议机关。（1 分）根据《行政诉讼法》第 26 条第 3 款的规定，复议机关作出不受理决定（1 分），起诉复议机关不受理决定的，复议机关是被告（2 分）。

2. 许某房屋被强制拆除系在某区政府作为征收主体进行征收过程中发生的，许某房屋被强制拆除属于行政侵权，本案是行政诉讼。（1 分）对于房屋征收过程中发生的合法房屋被强制拆除行为，首先应推定系某区政府及其确定的房屋征收部门实施的行政强制行为。（1 分）本案虽然有某建筑公司主动承认"误拆"，但改造工程指挥部工作人员给许某发送的短信和行政执法人员在拆除现场的现场照片及当地有关新闻报道等，均能证实 2014 年 9 月 26 日强制拆除系政府主导下进行的行政行为。（2 分）

3. 根据《行政诉讼法》第 26 条第 5 款和《行诉解释》第 20 条第 1 款的规定，行政机关委托的，委托的行政机关是被告；行政机关组建的机构，以组建该机构的行政机关为被告。（1 分）某建筑公司拆除孙某房屋的行为，其法律责任应由委托其拆除的改造工程指挥部承担（1 分）；改造工程指挥部系由某区政府组建并赋予行政管理职能但不具有独立承担法律责任能力的临时机构，因此，某区政府应当作为被告（2 分）。

4. 孙某房屋是违法建筑还是合法建筑，不是法院审理对象。（1 分）根据《行政诉讼法》第 6 条的规定，法院审理行政案件是对行政行为是否合法进行审查。（1 分）法院审理对象是强制拆除行为的合法性。（2 分）

5. 许某房屋被强制拆除行为是违法行为。（1 分）许某房屋为合法建筑（1 分），根据《国有土地上房屋征收与补偿条例》的规定，本案中某区政府与许某未能签署补偿安置协议，某区政府应当及时作出拆迁安置裁决或者补偿决定，在许某不复议不起诉不履行的情况下，某区政府应当申请法院强制执行（1 分），而区政府以所谓民事"误拆"的方式违法拆除许某房屋应当认定为违法（1 分）。

6. 本案适用行政赔偿。（1 分）徐某房屋在强制拆除前，既无征收决定，也无补偿决定，许某未同意拆除房屋且双方未达成补偿安置协议，区政府对许某房屋强制拆除已构成违法（2 分），应当承担行政赔偿责任（1 分）。

7. 法院能支持。（1 分）根据《行政诉讼法》第 38 条第 2 款的规定，许某向法院提供的相关照片与清单，已经初步证明存在损失。（1 分）根据《行政赔偿案件规定》第 11 条第 2 款的规定，许某主张的房屋内鸟笼等物品属于生产和生活所必需物品（2 分），其赔偿请求应当得到支持。

声　明　1. 版权所有，侵权必究。

　　　　2. 如有缺页、倒装问题，由出版社负责退换。

图书在版编目（CIP）数据

2023年国家法律职业资格考试主观题采分有料.行政法/魏建新编著.—北京：中国政法大学出版社，2023.7
ISBN 978-7-5764-0969-7

Ⅰ.①2… Ⅱ.①魏… Ⅲ.①行政法－中国－资格考试－自学参考资料 Ⅳ.①D920.4

中国国家版本馆CIP数据核字(2023)第120721号

出 版 者	中国政法大学出版社
地　　址	北京市海淀区西土城路25号
邮寄地址	北京100088 信箱8034分箱　邮编100088
网　　址	http://www.cuplpress.com（网络实名：中国政法大学出版社）
电　　话	010-58908285(总编室) 58908433（编辑部）58908334(邮购部)
承　　印	三河市华润印刷有限公司
开　　本	787mm×1092mm　1/16
印　　张	10
字　　数	245千字
版　　次	2023年7月第1版
印　　次	2023年7月第1次印刷
定　　价	59.00元

厚大法考（北京）2023年二战主观题教学计划

班次名称	授课时间	标准学费（元）	授课方式	阶段优惠(元)		配套资料
				7.10前	8.10前	
主观旗舰A班	6.6~10.10	56800	网授+面授	2022年主观题分数≥90分的学员，2023年未通过，全额退费；≤89分的学员，2023年未通过，退46800元。		本班配套图书及内部讲义
主观旗舰B班	6.6~10.10	36800	网授+面授	已开课		
主观集训A班	7.15~10.10	46800	面　授	2022年主观题分数≥90分的学员，2023年未通过，全额退费；≤89分的学员，2023年未通过，退36800元。		
主观集训B班	7.15~10.10	26800	面　授	18800	19800	
主观特训A班	8.15~10.10	36800	面　授	2022年主观题分数≥90分的学员，2023年未通过，全额退费；≤89分的学员，2023年未通过，退26800元。		
主观特训B班	8.15~10.10	19800	面　授	14800	15800	

其他优惠：
1. 3人（含）以上团报，每人优惠300元；5人（含）以上团报，每人优惠500元。
2. 厚大老学员在阶段优惠基础上再优惠500元，不再适用团报政策。
3. 协议班次无优惠，不适用以上政策。

【总部及北京分校】北京市海淀区花园东路15号旷怡大厦10层　　电话咨询：4009-900-600-转1-再转1

二战主观面授咨询　　　　　厚大法考服务号

厚大法考(上海)2023年主观题面授教学计划

班次名称		授课时间	标准学费(元)	阶段优惠(元)		备注
				7.10 前	8.10 前	
至尊系列	九五至尊班	5.22~10.12	199000（专属自习室）	①协议班次无优惠,订立合同;②2023年主观题考试过关,奖励30000元;③2023年主观题考试未过关,全额退还学费,再返30000元;④资深专业讲师博导式一对一辅导。		
			99000（专属自习室）	①协议班次无优惠,订立合同;②2023年主观题考试未过关,全额退还学费;③资深专业讲师博导式一对一辅导。		
	主观尊享班		45800（专属自习室）	已开课		
	主观至尊班	6.25~10.12	39800（专属自习室）	40000	已开课	
大成系列	主观长训班	6.25~10.12	32800	28800	已开课	本班配套图书及内部资料
	主观集训VIP班	7.20~10.12	25800	①专属辅导,一对一批阅;②赠送专属自习室。		
	主观集训班A模式			21800	23800	
	主观集训班B模式			①协议班次无优惠,订立合同;②2023年主观题考试未过关,退15800元。		
	主观特训班	8.20~10.12	22800	18800	19800	
	主观高效提分VIP班	9.3~10.12	18800	①专属辅导,一对一批阅;②赠送专属自习室。		
	主观高效提分班A模式			16800	17800	
	主观高效提分班B模式			①协议班次无优惠,订立合同;②2023年主观题考试未过关,退10000元。		
冲刺系列	主观短训班	9.20~10.12	13800	9800	10800	
	主观短训VIP班			①专属辅导,一对一批阅;②赠送专属自习室。		
	主观决胜班	9.25~10.12	12800	7800	8800	
	主观决胜VIP班			①专属辅导,一对一批阅;②赠送专属自习室。		
	主观点睛冲刺班	10.5~10.12	6800	4580	4980	

其他优惠:

1. 多人报名可在优惠价格基础上再享团报优惠：3人（含）以上报名，每人优惠200元；5人（含）以上报名，每人优惠300元；8人（含）以上报名，每人优惠500元。
2. 厚大面授老学员报名再享9折优惠。

PS：课程时间将根据2023年司法部公布的考试时间作相应调整。

【松江教学基地】上海市松江大学城文汇路1128弄双创集聚区3楼301室　　咨询热线：021-67663517
【市区办公室】上海市静安区汉中路158号汉中广场1204室　　咨询热线：021-60730859

厚大法考APP　　厚大法考官博　　上海厚大法考官博　　上海厚大法考官微

厚大法考(成都)2023年主观题面授教学计划

班次名称		授课时间	标准学费(元)	授课方式	阶段优惠(元)			配套资料
					7.10前	8.10前	9.10前	
大成系列(全日制脱产)	主观集训A班	7.8~10.7	25800	直播+面授	16800	已开课		二战主观题资料包(考点清单、沙盘推演、万能金句电子版)+随堂内部讲义
	主观集训B班	7.8~10.7	25800	直播+面授	签订协议,无优惠。2023年主观题未通过,退20000元。专属辅导,一对一批阅。			
	主观特训A班	8.10~10.7	22800	直播+面授	13800	14800	已开课	
	主观特训B班	8.10~10.7	22800	直播+面授	签订协议,无优惠。2023年主观题未通过,退17000元。专属辅导,一对一批阅。			
冲刺系列(全日制脱产)	主观短训A班	9.18~10.7	16800	直播+面授	9080	9380	9580	沙盘推演+万能金句电子版+随堂内部讲义
	主观短训B班	9.18~10.7	16800	直播+面授	签订协议,无优惠。2023年主观题未通过,退15800元。专属辅导,一对一批阅。			
	主观衔接班	9.25~10.7	12800	直播+面授	8080	8580		随堂内部讲义
	主观密训营	10.1~10.7	11800	面授	5080	5580		
周末系列(周末在职)	主观周末全程班	4.3~10.7	20800	直播+面授	11800	12800	13800	二战主观题资料包(考点清单、沙盘推演、万能金句电子版)+随堂内部讲义
	主观周末特训班	8.5~10.7	16800	直播+面授	9080	9380	9580	

其他优惠:

1. 多人报名可在优惠价格基础上再享团报优惠:3人(含)以上报名,每人优惠200元;5人(含)以上报名,每人优惠300元;8人(含)以上报名,每人优惠400元。
2. 厚大老学员(直属面授)报名再享9折优惠,厚大老学员(非直属面授)报名优惠200元。
3. 公检法司所工作人员凭工作证报名优惠500元。

【成都分校】四川省成都市成华区锦绣大道5547号梦魔方广场1栋1318室   咨询热线:028-83533213

厚大法考APP   厚大法考官博   成都厚大法考官微

厚大法考(郑州)2023年二战主观题教学计划

	班次名称	授课时间	标准学费(元)	授课方式	阶段优惠(元) 7.10前	阶段优惠(元) 8.10前	配套资料
大成系列	主观集训A班	7.20~10.10	36800	网授+面授	2022年主观题分数≥90分的学员,若2023年主观题未通过,全额退费;2022年主观题分数≤89分的学员,若2023年主观题未通过,退26800元。一对一批改服务、班班督学、一对一诊断学情、针对性提升、课程全面升级。		配备本班次配套图书及随堂内部资料
	主观集训B班	7.20~10.10	29800	网授+面授	11300	已开课	
	主观特训A班	8.20~10.10	31800	网授+面授	协议保障,若2023年主观题未通过,退21800元。一对一批改服务、班班督学、一对一诊断学情、针对性提升、课程全面升级。		
	主观特训B班	8.20~10.10	25800	网授+面授	9800	10300	

其他优惠:

1. 多人报名可在优惠价格基础上再享团报优惠:3人(含)以上报名,每人优惠180元;5人(含)以上报名,每人优惠280元。
2. 厚大面授老学员在阶段优惠价格基础上再优惠500元,不再享受其他优惠,冲刺班次和协议班次除外。

【郑州分校地址】 河南省郑州市龙湖镇(南大学城)泰山路与107国道交叉口向东50米路南厚大教学

咨询电话:杨老师17303862226　　李老师19939507026　　姚老师19939507028

| 厚大法考APP | 厚大法考官微 | 厚大法考官博 | QQ群:712764709 | 郑州厚大官博 | 郑州厚大官微 |

厚大法考(西安)2023年主观题面授教学计划

	班次名称	授课时间	标准学费(元)	授课方式	阶段优惠(元)		
					6.10前	7.10前	8.10前
大成系列	主观旗舰A班	5.12~10.8	36800	网授+面授	2022年主观题分数≥90分的学员,2023年未通过,全额退费。2022年主观题分数<90分的学员,2023年未通过,退28000元。		
	主观旗舰B班	5.12~10.8	18880	网授+面授	12380	已开课	
	主观通关A班	6.18~10.8	25800	网授+面授	2023年主观题未通过,退16000元。座位优先,面批面改,带练带背。		
	主观通关B班	6.18~10.8	16800	网授+面授	11880	12380	已开课
	主观集训A班	7.10~10.8	21800	网授+面授	2023年主观题未通过,退12000元。座位优先,面批面改,带练带背。		
	主观集训B班	7.10—10.8	13880	网授+面授	10880	11380	11880
	主观特训A班	8.20~10.8	18800	网授+面授	2023年主观题未通过,退10000元。座位优先,面批面改,带练带背。		
	主观特训B班	8.20~10.8	11880	网授+面授	8880	9380	9880

其他优惠:

1. 多人报名可在优惠价格基础上再享团报优惠:3人(含)以上团报,每人优惠300元;5人(含)以上团报,每人优惠500元;8人(含)以上团报,每人优惠800元。
2. 老学员优惠500元,不再享受其他优惠。
3. 协议班次无优惠,不适用以上政策。

【西安分校地址】陕西省西安市雁塔区长安南路449号丽融大厦1802室

厚大法考APP　　厚大法考官博　　西安厚大法考微信公众号　　西安厚大法考QQ服务群　　西安厚大官博

厚大法考(广州)2023年主观题面授教学计划

班次名称		授课时间	标准学费(元)	阶段优惠(元)			配套资料
				7.10前	8.10前	9.10前	
全日制脱产系列	主观集训班	7.8~10.7	30800	18800	20800	——	二战主观题资料包(考点清单、沙盘推演、万能金句电子版)+课堂内部讲义
	主观暑期班	7.8~9.3	20800	11800	12800	——	
	主观特训班	8.10~10.7	23800	14800	15800	16800	
周末在职系列	主观周末全程班(视频+面授)	5.6~10.7	20800	已开课			
	主观周末特训班	8.5~10.7	16800	12300	12800	13800	
冲刺系列	主观短训班	9.18~10.7	19800	10300	10800		沙盘推演+万能金句电子版+课堂内部讲义
	主观衔接班	9.25~10.7	14800	8000	9000		课堂内部讲义
	主观密训营	10.1~10.7	11800	5500	6000		随堂密训资料

其他优惠:详询工作人员

【广州分校】广东省广州市海珠区新港东路1088号中洲交易中心六元素体验天地1207室
咨询热线：020-87595663 020-85588201

厚大法考APP　　　厚大法考官博　　　广州厚大法考官微

厚大爱题库
专于考试精于题

爱题库APP　　　爱题库 微博

法考刷题，就用厚大爱题库！

多：2002-2021，主观题客观题，模拟题真题，应有尽有。

细：名词解析细致，法条罗列清晰，重点明确，解析精细。

新：按照新考纲、新法条及时修改解析，越新越应试。

趣：法考征途，边做题边升级，寓学于乐，助力法考！

2023年主观题民商事融合一本通

只需这一本解锁民、商、诉 稳拿分   搭配64课时配套课程 **免费学习**

一本书帮你拿下主观题一半分值
你要不要？

民事融合56分+商法28分=84分

高效备考　精选案例　专业讲解

民商综合历年真题 (6道)
+
民综高质量10道模拟题
+
商法5年真题 (5道)
+
商法5道高质量模拟题
↓
总计26道案例

紧扣命题规律，与时俱进
一本书，
足以解决你民商诉备考中面临的困扰。
懂你，更懂命题人！

图书邮寄　7月中旬开始陆续邮寄
课程时间　8月上旬配套课程开课

立即扫码购买